古 城

人居环境编委会　编著

中国大百科全书出版社

图书在版编目（CIP）数据

古城 / 人居环境编委会编著 . -- 北京 ：中国大百
科全书出版社，2025.1. --（人居环境）. -- ISBN 978-
7-5202-1726-2

Ⅰ．K915-49

中国国家版本馆 CIP 数据核字第 2025GG2377 号

总 策 划：刘 杭 郭继艳
策划编辑：张志芳
责任编辑：张志芳
责任校对：邵桄炜
责任印制：王亚青
出版发行：中国大百科全书出版社有限公司
地 址：北京市西城区阜成门北大街 17 号
邮政编码：100037
电 话：010-88390811
网 址：http://www.ecph.com.cn
印 刷：唐山富达印务有限公司
开 本：710mm×1000mm 1/16
印 张：10
字 数：100 千字
版 次：2025 年 1 月第 1 版
印 次：2025 年 1 月第 1 次印刷
书 号：ISBN 978-7-5202-1726-2
定 价：48.00 元

总　序

这是一套面向大众、根植于《中国大百科全书》第三版（以下简称百科三版）的百科通俗读物。

百科全书是概要记述人类一切门类知识或某一门类知识的完备的工具书。它的主要作用是供人们随时查检需要的知识和事实资料，还具有扩大读者知识视野和帮助人们系统求知的教育作用，常被誉为"没有围墙的大学"。简而言之，它是回答问题的书，是扩展知识的书。

中国大百科全书出版社从 1978 年起，陆续编纂出版了《中国大百科全书》第一版、第二版和第三版。这是我国科学文化建设的一项重要基础性、标志性、创新性工程，是在百年未有之大变局和中华民族伟大复兴全局的大背景下，提升我国文化软实力、提高中华文化国际影响力的一项重要举措，具有重大的现实意义和深远的历史意义。

百科三版的编纂工作经国务院立项，得到国家各有关部门、全国科学文化研究机构、学术团体、高等院校的大力支持，专家、学者 5 万余人参与编纂，代表了各学科最高的专业水平。专家、作者和编辑人员殚精竭虑，按照习近平总书记的要求，努力将百科三版建设成有中国特色、有国际影响力的权威知识宝库。截至 2023 年底，百科三版通过网站（www.zgbk.com）发布了 50 余万个网络版条目，并陆续出版了一批纸质版学科卷百科全书，将中国的百科全书事业推向了一个新的高度。

重文修武，耕读传家，是我们中国人悠久的文化传承。作为出版人，我们以传播科学文化知识为己任，希望通过出版更多优秀的出版物来落实总书记的要求——推动文化繁荣、建设中华民族现代文明，努力建设中国式现代化强国。

为了更好地向大众普及科学文化知识，我们从《中国大百科全书》第三版中选取一些条目，通过"人居环境""科学通识""地球知识""工艺美术""动物百科""植物百科""渔猎文明""交通百科"等主题结集成册，精心策划了这套大众版图书。其中每一个主题包含不同数量的分册，不仅保持条目的科学性、知识性、准确性、严谨性，而且具备趣味性、可读性，语言风格和内容深度上更适合非专业读者，希望读者在领略丰富多彩的各领域知识之时，也能了解到书中展示的科学的知识体系。

衷心希望广大读者喜爱这套丛书，并敬请对书中不足之处给予批评指正！

《中国大百科全书》编辑部

"人居环境"丛书序

人居环境科学理论与实践是中国改革开放 40 周年的标志性成果之一。1993 年，吴良镛、周干峙与林志群在中国科学院技术科学部大会上提出建立"人居环境学"设想，将其作为一种以人与自然协调为中心、以居住环境为研究对象的新的学科群。2012 年，吴良镛获得 2011 年度国家最高科技奖，国家最高科学技术奖评审委员会评审意见认为："吴良镛院士是我国人居环境科学的创建者。他建立了以人居环境建设为核心的空间规划设计方法和实践模式，为实现有序空间和宜居环境的目标提供理论框架。"这意味着人居环境科学已得到学界的认可。

人居环境科学是涉及人居环境有关的多学科交叉的开放的学科群组。人居环境科学强调"建筑—城乡规划—风景园林"三位一体，作为人居环境科学的核心，地理学、生态学、环境科学、遥感与信息系统等是与人居环境科学关系密切的外围学科，以上这些学科共同构成了开放的人居环境科学学科体系。可见，人居环境科学的融合与发展离不开运用多种学科的成果，特别要借重各自的相邻学科的渗透和展拓，来创造性地解决复杂的实践中的问题。

人居环境是人居环境科学理论与实践的研究对象，其建设意义重大。党的二十大报告将"城乡人居环境明显改善"列入全面建设社会主义现代化国家未来五年的主要目标任务。这充分体现了城乡人居环境建设在党和国家事业发展全局中的重要地位。为此，依托《中国大百科全书》

第三版人居环境科学（含建筑学、风景园林学、城乡规划学）、土木工程、中国地理、作物学等学科内容，编委会策划了"人居环境"丛书，含《中国皇家名园》《中国私家名园》《古建》《古城》《园林》《名桥》《山水田园》《亭台楼阁》《雕梁画作》《植物景观》十册。在其内容选取上，采取"点"与"面"相结合的方式，并注重"古与今""中与西"纵横两个维度，读者可从其中领略人居环境中蕴藏的文化瑰宝。

希望这套丛书能够让更多的读者进一步探索人居环境科学理论与实践体系！

人居环境丛书编委会

目 录

第 1 章　中国古城　1

第2章　外国古城　93

中国古城

宋元明清以前古城

曲阜鲁国故城

曲阜鲁国故城是西周初至战国后期的鲁国都城，汉代曾进行重修。位于山东省曲阜市旧城东北部，海拔 66 ～ 71 米。

遗址的考古勘探与发掘始于 1977 ～ 1978 年，2011 年以来又对其宫殿区、南东门等遗址进行了考古勘探与发掘。周公是兴周灭商、辅佐成王和创立周代礼乐制度的元老重臣，因此周公的封国鲁国在周代诸侯国中具有特殊的地位，其等级和形态最接近《考工记·匠人》所载王城制度，为其他诸侯国所效法。周代鲁城城垣始建于西周晚期，延续至战国晚期，留存的宫城始建于春秋晚期，战国晚期废弃。汉代重修时，舍去北部和东部一部分地区，另建北墙和东墙，城区范围缩小，最终于魏晋废弃。明嘉靖初在鲁城西南角建曲阜县城，一直沿用下来。

鲁国故城地处鲁中南山地丘陵区向鲁西南泗、沂冲洪积平原区过渡地带。城东低矮平缓的丘陵从城南、北两侧缓缓向西延展。北面与南面丘陵靠近城址一侧，分别有泗河与沂河穿流而过，两水在城西低洼处连成一片，形成横贯鲁西南的冲洪积平原。城内泉水资源较为丰富，鲁城选址于此，不仅可以使鲁故城居民拥有充沛的水源，占据肥沃的土壤，高效地从事农业生产，还可以在一定程度上减少河道的摆动迁移，避免洪涝灾害。

此城坐北朝南，平面呈带圆角的横长矩形，最宽处东西3.7千米，南北2.7千米，周长11771米，面积约10平方千米。北、西两面城墙濒临洙水，随河身弯曲，以河为城壕。东、南两面凿人工城壕。城墙夯土筑成，基宽50米。残存城身最宽处36米，最高处10米。共有城门11座，北、东、西三面各开三座，南面开两座。门道已毁，残存豁口宽度一般为7～10米，个别的达14～15米；南面两座门的门道外有夹门的墩台，东面一门的墩台宽30米，当为《左传》所述的"雉门"及其"两观"。

城内以中部偏东的高地为中心，高地四边与城墙距离基本相等，在1300～1400米。高地上有大量大型东周时代夯土基址，四周筑有夯土墙，当是鲁国的宫城所在地。宫城的东、西、北三面分布着大量铸铜、冶铁、制陶、制骨等作坊和住房的遗址。南城偏东的城门正开在宫城的南方，自宫城前有一条宽15米的道路向南穿过这座城门，直指城南三里的"舞雩坛"遗址，形成全城的南北轴线。宫城东南另有一大型建筑基址，正对东城墙南门内东西向道路和北城墙东门内南北向道路。城内主要道路除上述3条外，还有3条横贯全城的东西向道路，其中最南一条宽10米，经过宫城前，与宫前南北向大路呈丁字相交，也是全城的主要干道。城内北城墙上3座城门各有1条南北向道路通入城内，其中西面1条纵贯全城，直抵南城墙西侧的城门。

　　鲁国故城是已发现的最早采取外郭围护宫城的"回"字形布局的都城，城市布局尽管限于地形，形状不方正，道路间距不均等，但宫城高地居全城之中，城内纵横各设 3 条的干道网布局与宫城高地形态关系密切，反映出中国古代都城营建的"择中"理念。其将宫城高地与人工高台"舞雩坛"的连线作为中轴线，城市各重要功能区的分布也与宫城高地及城市中轴线相协调，形成较为严谨的城市结构，显示出较高程度的城市规划思维，是中国城市规划史上的重要范例。此城形制与大多数战国都城形式都不同，遗址的地层关系已证实此城布局在西周晚期已是如此，所以有些学者认为它在一定的程度上反映了西周城市的遗制，并据以对王城制度的时代性提出新的见解。1961 年公布为全国第一批重点文物保护单位。

东周王城

　　东周王城是东周王朝的国都。战国时期周敬王迁居成周后，为名义上的国都。位于河南省洛阳市中心；北纬 34°39′00″ ～ 34°41′08″；东经 112°24′23″ ～ 112°26′25″；海拔 135 ～ 165 米。1954 ～ 1958 年中国科学院考古研究所进行发掘，1980 年代以来洛阳市文物工作队等陆续进行发掘。南临洛河，西跨涧水，东邻隋唐洛阳城。根据地层关系推断，约建于春秋中叶以前，战国、秦、西汉时迭经修补，西汉后期废弃。

　　呈不规则矩形，为内城外郭的都城形态。宫城偏居城址西南隅，为一长 1140 米、宽 890 米的矩形小城，与临淄齐国故城的布局特征相似。城墙由夯土分段夯筑或分块筑成，周长约 15 千米。北城墙址保存较完整，全长 2890 米，厚 8～10 米，城外有深约 5 米的壕。东、西城墙址时断时续，但与北城墙相交的城角和东西墙的走向是清楚的。东墙总长约 3500 米，厚约 15 米。西城墙绕涧水曲折迂回，全长约 3000 米，厚约 15 米。南城墙址的东部据考古推断被洛河冲断，西部残长 900 米，估测全长 3400 米。南城墙的东西向的城墙，两端矩折向北，即宫城南墙；西端北折连接长 1140 米的南北向城墙，即宫城西墙；东端北折只余一小段城角。

城门方面，除郭城西墙一缺口据考古推测为城门外，其余尚未查明。城内已发现四条南北方向大道片断。城内和南墙外经考古发掘确认两处大型建筑基址。其中，城内西南部发现两处南、北两组建筑，四周分别有夯土围墙。北组建筑围墙为东西长约 344 米，南北宽约 182 米的长方形，方向近正南北，内有大型夯土基址。两组夯土基址附近出土大量东周时代筒瓦、板瓦和半瓦当。王城南墙外建筑基址位于涧河东岸、洛河以北，是一处由三个院落南北并列形成的大型夯土基址，包含建筑基址、墙基、散水、给排水设施、水池、暗渠、水井、陶窑等遗迹和大量瓦当、陶水管、空心砖等遗物及少量陶片。

有两处王陵区，分别位于城东部、东墙内外，以及城中部偏北。目前发现的车马坑集中分布在王城东部的王陵区一带。王城西北部为手工业作坊区。城西北部有大面积的战国至秦汉时期的窑址。窑址之东为骨器作坊和石器、料器作坊的遗址。宫城以东邻洛河附近有战国时期的粮仓窖穴遗址。此外，城内还发现了与冶铁、铸铜、铸币相关的遗迹、遗物。

一般认为，从位置、年代上看此城是东周十三世周王的王城遗址。但史载东周王城即西周洛邑，而此城址从地层上证明其不可能早到西周，所以也有一种意见认为，此城的名称、性质、与西周洛邑的关系都有待考订。

郑韩故城

郑韩故城在春秋战国时期先后为郑国和韩国的都城。位于河南省新郑市市区及周围地带；中心坐标：北纬 34° 23′ 58″；东经 113° 43′ 32″；海拔 92 ~ 133 米。1960 年据《水经注》相关记载，经调查发现该城址，1964 年开始对城址进行全面钻探和发掘，至今考古工作仍在进行中。

城址地处豫西山地向豫东平原过渡地带的双洎河与黄水交汇处三角地上，双洎河自城西北入城而东南流，黄水河在城东由北面南注入双洎河。地势西高东低，中部高，南北低。山、丘、岗和平原兼有，西部、西南部为侵蚀低山区，低山外围和西北部为山前坡黄积岗地。

东周初，郑武公平郐后，迁都其地，改名新郑；公元前 375 年，韩国灭郑后，此地成为韩国的都城，前后沿用 500 余年，多次修葺。城址依双洎河和黄水河相汇处的自然地势筑成，城址平面为不规则长方形，东西长约 5000 米，南北宽约 4500 米；遗址规模约 3700 公顷。中部有一道南北向的夯土墙将故城分成东城和西城两部分。西城为郑韩两国宫城，宫殿区在中部以北和西北部；东城是大城，为居住区和手工业作坊区、祭祀区以及郑国贵族墓葬区等。

西城呈一缺西南角的矩形，东西约 2400 米，南北约 2800 米。东城呈一缺东北角的矩形，东西宽约 2800 米，南北长约 4300 米，南墙在双泊河之南，面积为西城的两倍。两城建于春秋时，夯土筑成，战国时作过多次修葺。城墙底最厚处 40～60 米，残存高 15～18 米。在西城北墙、东城东墙和两城间隔墙处各有一城门。

西城内中部有小城址，东西 500 米，南北 320 米，城墙基宽 10～13 米。北有大片密集的夯土基址，有的大到 6000～7000 平方米。基址之西有春秋时期的夯土台基，东西 80 米，南北 135 米，高 8 米，内有陶制下水管道，是巨大的台榭遗址。在密集的夯土基址区有一座地下贮物窖室，平面矩形，四壁用土筑成，地面和墙壁铺贴方砖，内有五口贮物用陶井。城内东南部为贵族墓葬区。东城有大量制骨、制陶、铸铜、冶铁等作坊遗址。城内也有一些春秋战国时期墓地。

城外河的高岗地上，主要分布有 20 余处东周郑国与韩国的墓葬区，墓地规模庞大，墓葬密集有序，出土了数以万计的重要文物。

郑韩故城分宫城（城）、大城（郭），与临淄齐国故城近似，东西城并列的形式又与燕下都近似，反映了战国时期的城市特点。但其在西周营国制度的基础上，有所突破与创新，打破了城市形制须规整的营国制度，因地制宜依地形构筑城垣，选址上充分体现了重视水源、水运及城防的规划意图。此城对后世的都城规划产生了深刻的影响，在我国古代城市发展史上占有其重要的地位。

1961 年公布为第一批全国重点文物保护单位。

蔡国故城

蔡国故城是西周至春秋时期蔡国的都城,位于豫东南淮北平原北侧,河南省上蔡县,城址地处冈上,东西有洪、汝两水环抱;中心坐标:北纬 32° 16′ 10.89″;东经 112° 55′ 59.22″;海拔 41 米～53 米。

公元前 11 世纪西周初年,周武王灭商后,封其五弟叔度于蔡地,始建蔡国都城。后又复封叔度子胡于蔡,即为蔡仲。蔡国历经十八代,蔡国城和蔡国一起从兴到衰,经历了 500 多年。春秋末年,楚灭蔡,城址作为楚国北部边境的军事要地被沿用至汉代,后逐渐荒废,明代嘉靖年间在城址内东北筑小城,延续使用民国。

蔡国故城遗址由城址区和城外墓葬区两部分构成。

城址平面接近长方形,有内外两城。外城东西略短,南北稍长,各城角均为圆转角,东城墙长 2490 米,南偏东 5°,西城墙长 3187 米,北偏西 5°,南城墙长 2700 米,西偏南 10°,北城墙长 2113 米,正东西向,城墙周长 10490 米。四面城墙除东北段大多无村外,其他革面城墙大多保存,先可见城墙高 4～11 米,宽 15～25 米,最宽处可达 70～95 米。城墙夯土修筑,夯层厚约 8～14 厘米。城墙外保留有城壕遗迹,宽度 70～103 米。考古勘探确认城址四个方向各 3 座城门,共 12 座城门。现有 6 处城门遗迹现象较清晰,包括南城门 3 处,西城门 3 处。北城墙中部有一烽火台,亦名邮亭,平面圆形,台底直径 27.5 米,台顶残存直径为 6.5 米,高出城墙 4.0 米,高出自然地面 12.5 米,与城墙连为整体。

内城位于城址中心,平面呈正方形,总面积 462400 平方米。内城偏南有一处东西长约 1200 米，南北长约 1000 米，高于地表 6～7 米的台地，在台上发现有古井、陶制排水管道，台上台下还留有许多春秋陶片以及筒瓦、板瓦等建筑构件残片，推测为蔡侯宫殿区及楚国贵族官邸遗址。在宫殿区周围广泛分布着铸铜、制骨、制陶等手工业作坊遗址。在内城还发现有不规则形的沼泽区，面积约万余平方米，沉积厚度在 1.5～6.5 米，内含丰富的器物残片及板筒瓦残片。

内城外，外城之内西南隅一带有蔡国贵族墓地。考古确认该区域墓葬密集，墓制大小不一。

明代城位于蔡国故城内东北处，利用了蔡国故城北城墙和东城墙。明代北城门和东城门仍为原蔡国故城城门。明城形状近方形，南北长约 1140 米，东西宽约 1045 米，总面积约为 119 万平方米。

紧邻蔡国故城西城墙外有郭马陈冶铁铸铜遗址，面积 14500 平方米，文化层厚 0.7～1.5 米，从考古出土的陶豆、罐口沿、壶口沿、陶片等器物残片形状及纹饰可以断定为东周时期遗址。

在蔡国故城外的西北有规模巨大的楚国墓葬分布区。墓葬区呈不规则形，包括有楚国贵族大墓、中小楚墓、铸铁遗址。墓葬跨春秋 - 战国时期，墓葬区南北长约 7000 米，东西宽约 4000 米，总面积约为 28 平方千米。

蔡国故城是中国规模大保存较好的西周至春秋战国时期的早期城市遗址，反映了西周至春秋战国发展过程中重要的历史事件与古代文化，为研究中国早期城市产生和发展演变提供了重要的实物资料。

临淄齐国故城

临淄齐国故城是西周后期至战国（公元前 859 ～前 221）齐国的都城，汉代（公元前 202 ～公元 220 年）继续沿用。位于山东省淄博市临淄区齐都镇。

◆ 城墙和城门

史载战国时期临淄有居民 7 万户，男丁超过 21 万人，街道上车毂相击，人肩相摩，是当时的繁华大城市。经考古发掘查明，临淄齐国故城有大小二城，均近于矩形。小城在大城西南角，小城东北角套入大城中，呈方胜形。小城南北约 2200 米，东西 1400 米，城周长 7275 米。大城南北约 4500 多米，东西最宽处约 4000 米，城周长 14158 米。城墙全部土筑，墙基宽度在 17 ～ 43 米，南墙最窄。城的东墙和西墙濒临淄水和系水，城墙随河流曲折，东墙尤甚。南、北城墙外挖有宽 25 ～ 30 米、深 3 米的城壕。小城的城墙外也有壕，表明小城对大城也设防。已探明有城门 11 座：小城的东、西、北墙各 1 座，南墙 2 座；大城东、西墙各 1 座，南、北墙各 2 座。门道宽度一般 8 ～ 17 米，最宽 20 米；长 19 ～ 42 米，最长达 86 米。门道两旁以石垒砌，路面铺石子。从门道宽度看，每门应不止一个门洞。这些城和门多属东周时期，小城有一部分属西周时期。

◆ 道路

城内已发现道路 10 条，小城内 3 条，大城内 7 条，走向基本上同城墙平行。小城 3 条道路中，2 条南北向，通南墙两城门；1 条东西向，通西墙城门。大城 7 条道路，多十字交叉，把北半部划分为 7 ~ 8 个矩形街区。路宽为 8 ~ 20 米，最宽的 1 条南北干道达 30 米。这些道路多与城门相通。城内有排水明渠，大城有 1 条南北干渠，自小城东北角北行，穿大城北墙通入城壕，长 2800 米、宽 30 米、深 3 米。北段有一向西的支渠，通向较低洼的西北部，穿城注入系水。小城有曲尺形水渠，经宫殿区穿西城注入系水。

◆ 分区

大城、小城内都有冶炼遗址，小城中的偏在南部，大城中的偏在北部。制骨作坊遗址集中在大城东北部。宫殿遗址主要在小城西北部，俗称桓公台。大城的东北部为西周至春秋时期齐国贵族的墓葬区。根据探查情况，结合文献记载，可知临淄小城是宫城，大城为居民区，即郭。这种布局是东周时通行的都城形式之一。目的是有外患时可凭借大城人丁防守，而遇内乱时又可从宫城对外的那面逃走。史载春秋战国时期已出现里坊制城市，临淄大城北部划成近方形街区，可能属于此种情况。1961 年被定为全国重点文物保护单位。

邯郸赵国故城

邯郸赵国故城是战国时赵国都城遗址。位于河北省邯郸市，海拔 54 ~ 100 米。

1940 年由日本人进行了调查发掘。20 世纪 50 ~ 70 年代，由河北省文物工作队主持调查勘探和复查，并于 1972 年发现大城。2007 ~ 2008 年发现宫城城南的壕沟防御系统。地处沁河下游山前平原地区，沁河穿城而过。自赵敬侯于公元前 386 年迁都邯郸，至前 228 年秦攻破邯郸、设郡为止，此地作为赵都共 158 年。

分为宫城"赵王城"和大城"大北城"两部分，总占地面积约 1719 万平方米。宫城由三个小城组成，南面东西两城并列，北面附一城，呈品字形，相接部分合用城墙、城门，总占地面积约 540 万平方米。西城平面近方形，边长 1372 ～ 1426 米，主要遗迹包括城门遗迹 8 座、地面夯土台建筑基址 5 座、地下夯土建筑基址 7 座、古道路 1 处、水井 1 处、城墙排水槽道遗迹 1 处、城墙铺瓦遗迹 3 处。东城平面近长方形，与西城共用城墙，南北长 1470 ～ 1574 米，东西宽 834 ～ 950 米，主要遗迹包括城门遗迹 5 座（4 座与西城和北城共用）、地面夯土台建筑基址 3 座、地下夯土建筑基址 3 座、地下遗址区 2 处、古道路 1 处、城垣排水槽道遗迹 1 处。北城平面呈不规则长方形，南北长 1544 ～ 1592 米，东西宽 1272 ～ 1440 米，南墙为 3 城共用，主要遗迹包括地面夯土台建筑基址两座、排水槽道遗迹 1 处、城门 3 处（与东、西城共用）。已发现的城门缺口，多指向城内的夯土台遗址，但城内道路结构尚未查明。城墙夯土筑成，基宽 18 ～ 50 米。城墙内侧普遍修建散水、铺瓦、排水槽等防雨排水设施。城墙外侧有一套完整的壕沟防御系统，包括西城南墙、西墙外附近发现的内壕，以及在南墙以南 1000 米处发现的 3 条东西向平行壕沟组成的外壕，已探明总长 2700 余米，与天然河道联系。

宫城内分布有 20 多处夯土台建筑基址和地下夯土建筑基址，以及地下遗迹。地表散布大量的板瓦、筒瓦、瓦当等建筑材料，有的基址还发现有柱础石。城内现存 10 座地面夯土台中，面积最小者近 800 平方米，其余均超过 1600 平方米，最大者近 8000 平方米，其中西城有 5 座，占一半，当是主要宫城。西城在距南墙 450 米处有一座夯土台，底边南北长 296 米、东西宽 264 米，顶部南北长 132 米、东西宽 102 米，残高 7～16 米，规模最大，俗称龙台。龙台正北又有两座宽 50～60 米的夯土台，三台成直线等距排列，形成一条东距隔墙 620 米的南北轴线。中间一台的正东 460 米处又有一稍小的夯土台，形成一条距北城墙 600 米的东西轴线。这四台纵横都有轴线关系，当是城中最主要的宫殿区。东城有两座较大的夯土台，西距隔墙 260 米，长宽都在 100 米以上，相距约 620 米，南北遥遥相对，形成东城的一条南北轴线。东西两城的南门都设在各自轴线略偏东处。北城的西南角，在西距西墙 390 米、南距南隔墙 340 米处有一南北长 135 米、东西宽 111 米的夯土台，残高 4～6 米，规模仅次于龙台。三城中的夯土台上都有大量的瓦砾堆积，有的还发现柱础石，证明它们是主殿为台榭的宫殿。

大城"大北城"东西宽 3.2 千米，南北长 4.8 千米，占地面积约 1178 万平方米。城墙夯土筑成，宽约 20～40 米。它的西南角和宫城北城东墙相距约 100 米，而不相连。西墙外发现城壕。城内东北部有"丛台"建筑基址，东西长约 59 米、南北宽 40 米，西北部有"铸箭炉""皇姑庙""梳妆楼""插箭岭"等 7 处紧挨城墙相互连接的建筑遗址，"插箭岭"遗址东侧还有一日字形小城。"大北城"内普遍发现文化层、水井以及墓葬，并有铸铁、制陶、制石器、制骨器等作坊遗址，当是居民区和手工业区。汉代邯郸城以此城为基础加以利用，规模缩小很多。

邯郸赵国宫城呈品字形，与它相似的只发现侯马晋国遗址一例。宫城中台榭遗存数量之多，规模之大，轴线关系之明确严谨，均为留存的战国各都城遗址之冠，对研究战国都城发展有较重要价值。1961年被定为全国重点文物保护单位。

建康城

建康城是三国时吴、东晋和南朝宋、齐、梁、陈六朝的都城，吴时名建业，西晋末改称建康。在今江苏省南京市。

自公元229年吴建都建业到589年陈灭亡，除去西晋和梁元帝时外，作为都城前后历时322年。建康城东倚钟山，西濒长江，北为玄武湖，南有秦淮河，历来称形胜之地，向有"龙盘虎踞"之称。

在形制上，建康城在中国古代最早出现四重城雏形，在发展过程中形成。宫城在城内偏北部分，包括三部分：西为孙权建的"太初宫"；东和北面为"苑城"，是东吴的皇家花园和皇宫卫队营地所在；公元267年孙皓新建"昭明宫"，缩小了卫队营地，建有正殿"赤乌殿"等大小殿堂几十处。至378年东晋大臣谢安主持、大匠毛安之经营重建，规模完备，制度庄丽，形成著名的台城，核心为太极殿区域。

2002～2005年，南京市博物馆考古部门在大行宫地区进行了大面积考古发掘，发现众多重要遗迹，主要有城墙、城壕、道路、砖沟、砖井、木桥、砖构房址等，揭示了大行宫周围及其以北民国总统府东西一线，是台城核心区的史实。在太极殿、台城外，为都城，周20里（10000米）余，先后曾有6～12座城门，南北长，东西略短，位置约在今南京老城北部。东晋营造时草创，用竹篱围成，至齐高帝建元二年（344）在土城外包砖形成城墙。再外为郭城，始终为竹篱，郭门称为篱门，共计 56 座。此外，建康城西南有石头城、西州城，北郊长江边筑白石垒，东北有蒋山（钟山），东有东府城、丹阳郡城，南有牛首山，成为外围防线。

宫城南门大司马门正对的是都城正门宣阳门，两门之间形成御街 2 里（1000 米），往南延伸至朱雀门 5 里（2500 米），笔直通达，门外有跨秦淮河的浮桥朱雀航，再南联络长干里，直抵城南牛首山，以山作为天然门阙，十分壮观。和御街垂直呈"T"形的是联系都城东门建春门和西门西明门的横街。它们构成建康城的主干道路。而水网是建康城的另一种重要线路：城中河道以秦淮河通长江，又从秦淮河引运渎直通宫城太仓，运输贡赋，北引玄武湖水成潮沟南注青溪和运渎，以保证漕运和城壕用水。御沟和御街并列，沿街植槐柳；宫城外堑绕城植橘树，宫墙内种石榴；环水间亦芳草香树。形成高峻和柔美并重、陆路和水路双行的特殊都城。

建康城依据地形、城市骨架、水体水系形成不同分区。苑囿主要分布于都城东北郊。宫城北有华林园，原是东吴的旧宫苑，宋时加以扩建。覆舟山有乐游苑，宋时就东晋药圃建成。玄武东晋时筑长堤以防水患，并引湖水通入华林园、天渊池和宫内诸沟，再下注南城壕。宣阳门至朱雀门间五里御道两侧布置官署府寺。居住里巷也主要分布在御道两侧和秦淮河畔。秦淮河南岸的长干里是著名的居住里巷，北岸的乌衣巷则是东晋王、谢名门巨族累世居住之地。王公贵族的住宅多分布在城东青溪附近风景优美的地带。此外，建康城有大小市 100 余处，散布于居民间、要道口及河两岸，呈开放型。六朝帝王都信仰佛教，建康城内外遍布佛寺，有 500 余所。著名的有同泰寺（今鸡鸣寺前身）、瓦官寺、开善寺和城东北摄山（今栖霞山）的石窟寺等。

建康城作为都城的 300 多年中，不断发展，商业繁华，人才荟萃，文物鼎盛，成为南方政治、经济和文化的中心。

统万城

统万城是十六国时期铁弗匈奴建立的夏国都城。位于陕西省榆林市靖边县红墩界镇白城则村。

始建于 413 年。427 年赫连夏覆灭后，作为夏州沿用至西夏，待 1226 年纳入蒙元势力范围后逐渐废弃。统万城是唯一确认的匈奴都城遗址，也是中国保存下来的最早用三合土筑的城。海拔 1159～1178 米。1956 年，陕北文物调查征集组对其进行了初步调查，此后的考古调查、勘探与发掘工作间或开展至 21 世纪。

地处鄂尔多斯高原与黄土高原交界处的毛乌素沙地南缘、无定河上游北岸，地势高亢且平坦开阔，向南可俯视无定河河谷地区。赫连夏时期此地为较今日暖湿的半干旱气候，城址周围分布着河流、湖泊、河滩、湿地、湖沼群及草滩地、草甸等，较适合游牧民族发展和城市营建。

城址由东西并列、共用中间城墙的西城、东城，以及嵌套在两城外的曲尺形外郭城构成，地势西北高、东南低。西城、东城与外郭城均由角部带隔墩的城墙围合。西城、东城还发现有壕沟、马面、瓮城等防御设施。各城内均发现大量水井遗迹，建筑基址的数量、规模、年代不尽相同，尚待进一步考古研究。

　　西城是大夏都城的统治中心，文献记载其具有极好的防御能力，并模拟中原都城设有宫殿、苑囿等建筑。西城平面近矩形，面积 36.79 万平方米。北墙长 548.69 米，东墙长 694.87 米，南墙长 481.48 米，西墙长 734 米。城墙厚约 16 米，局部残高 10 米以上。城四面各开一门，南门"朝宋"与北门"平朔"均偏居东侧，南北相对，西门"服凉"偏南，以上三门均有瓮城结构，东门"招魏"尚未确定所在与形制。西城四角有巨大隅墩，西南隅墩保存最好，残高 31.62 米，其上有建筑残迹。城墙外侧加筑突出马面，以利防守，曾得到宋代杰出科学家沈括的称许。个别马面中空作为仓储，是仅见的做法。城墙外南、西、北三面有护城壕。西城内偏南部有一残搞米夯土墩，为永安台遗址，旁有建筑基址延伸至南城墙。统万城西城城墙用砂、石灰、黏土混合夯筑而成，夯层匀整紧密，极为坚固。城的墩台夯土中每隔一定高度平铺一层水平木骨，即宋代《营造法式》所载的纤木，以防崩塌。这些做法都超过当时大国都城的建筑水平。

　　东城平面近似矩形，面积 40.36 万平方米。北墙长 524.72 米，东墙长 738.22 米，南墙长 557.50 米，西墙长 753.88 米。城墙宽约 7 米，局部残高达 3.4 米。城每面各开一门，现探明南、北门及瓮城，东门尚未确认。东城马面尺寸较西城小，北、东两面有护城壕。东城中部偏北有一组修建年代大约为晚唐五代时期的大型夯土建筑基址。

　　外郭城呈曲尺形，面积约 770 万平方米，周长 13865.4 米，西北部凸出，城墙走向与东、西城城墙基本平行，东南部被今无定河冲毁。仅残存东北城角墩台，从城墙连线看，城角均非直角。从残存城墙看，东部城墙宽达 8 米，西部只有 1 米余，考古推测并非一次建成。

史载统万城宫门外有阙，宫殿仿明堂路寝之制，还有离宫别殿、温宫冷殿、郊坛宗庙、左社右稷等，遗迹待考。于外郭城西北部以及城址无定河南岸各发掘一处祭祀遗址，其中东南方向祭祀遗址由 3 座方形夯土台组成，外部有墙围合。

统万城城址出土物的年代自北朝至元代，包括陶器、瓷器、石器、铜器、铁器、骨器，以及砖瓦等建筑材料，礌石、铁箭镞、铁蒺藜等城防用器。此外，在西城西门集中出土了一些与佛教相关的遗物，包括北朝的石雕佛像、唐朝的石雕天王像等。

作为中国北方农牧交错地带游牧民族创建的都城，统万城代表了留存匈奴城址的最高成就，体现了匈奴从漠北到漠南不断浸染农耕文化并融合游牧文化的过程，其在城市规划中保留的游牧特色与借鉴的中原传统，对后世游牧政权都城建设产生了重要影响。1996 年列入第四批全国重点文物保护单位名单，2005 年列入"十一五"期间重要大遗址名单，2012 年列入中国世界文化遗产预备名单。

宋元明清的都城

北宋定都东京（今河南开封）；南宋定都临安（今浙江杭州）；元朝定都大都（今北京）；明初定都应天（今江苏南京），后迁都北京；清朝延续定都北京。

宋元明清的都城与秦汉至唐、五代的都城相比，有了众多突破、发展和创新。

◆ 三重城墙

宋东京城有外城、内城、皇城三重城墙，在皇宫外形成三重屏障。元大都城也建有类似宋东京城的三重城垣（宫城、皇城、大城），加上其宫城夹垣和大内夹垣，实为准五重城。明清北京城也建有宫城、内城、外城三重城垣，但外城在内城南边。

◆ 街巷制度与城市商业

北宋东京

北宋东京的居住区废弃了唐代封闭式的里坊制度，城市的管理采用厢坊制。内城有 4 厢 46 坊，外城有 4 厢 75 坊，城外为 9 厢 13 坊，全城共计 17 厢 134 坊。厢、坊之上又设京朝官主管的办事机构，民间称为"都厢"。北宋开封城市人口达 100 余万，商业繁盛，居民临街开店，瓦子勾栏林立。商业区主要有东华门外商业区、御街大内前南商业区、东角楼街巷商业区、潘楼东街巷商业区、相国寺商业区等。唐朝封闭的坊市制城市改变成开放的街巷制城市，在中国城市发展史上具有划时代的作用。

南宋临安

南宋临安城也采用厢坊制。随着西北移民不断流入京城，经过上百年的发展，临安人口已超 100 多万，成为当时世界上人口最多的特大城市。

元大都

元朝时期，元大都城也是一座繁华的商业贸易大都会。钟楼市是元大都城的中央位置和城内三大市（钟楼市、羊角市、东角市）之首，被称为"国市"，同时也是享誉欧亚非三大洲的国际贸易商市。钟楼市北起钟楼北街丁字路口，南至钟楼前十字街（后为元齐政楼、明鼓楼），东自钟楼南、北街东侧（即大天寿万宁寺西侧），西至旧鼓楼大街，由缎子（绸缎）市、皮帽市、鹅鸭市、珠子市、沙剌（珠宝）市、针线市、米市、面市、水果市、铁器市、穷汉市等"专业市"组成，分布在钟楼南北街道的街面上和东西两侧若干条"商巷"里，以及中心台的西北、西南、东北、东南四隅，并向四周延伸。

明清北京城

明朝的商品经济要比元朝更发达，尤其是嘉靖、万历以后。和元朝一样，明代的北京仍然是天下商货汇聚之地，西四商业发展程度超过鼓楼一带，成为内城最繁华之地。

明朝北京人口增长很快，嘉靖、万历年间已近百万。在一般商人、手工业者为主的外城，尤其是最接近运河码头的崇文门、正阳门外地区，很快发展为巨大的商业区。外城的消费者主要是一般劳动者，市场也以交易一般生活必需品为主，如猪市、骡马市、煤市、柴市、米市、蒜市等。

明代内市设在景山前街，主要是为上层官宦服务的，灯市位于灯市口大街，以张灯结彩吸引大批的观灯者，进而求得商品交易。清朝，为满足大批住于外城的外省进京文化人的需要，外城的琉璃厂以出售文房四宝、名人字帖为主，也出售赶考所需的复习资料及大批收购来的古旧图书、古玩、字画等。琉璃厂与附近的厂甸相结合，逐渐形成以厂甸为中心的集市活动，每年正月里，逛厂甸的人数多达几十万，成为外城的一大胜景。此外，庙市也是集市的一大景观。

◆ 市政建设

北宋东京

北宋东京城有四河穿城，排洪河道共长 77.4 千米，城市面积约 50 平方千米，河道密度为 1.55 千米 / 千米 ^{2}。城壕的行洪断面为 372.48 平方米，调蓄容量为 1852.23 万立方米。东京城对河渠的管理有严格、科学的制度，其水灾频率也低于唐代的西京长安。

元大都城

元大都城选址于永定河冲积扇脊背的最优位置，在防洪上要优于金中都城。虽然遇到特大洪水时，城区仍有危险，但基本上避开了一般洪水的袭击，排洪也较便利。

大都城排水系统的规划设计依地形地势而行，科学得当。城内有海子和太液池，城市水系有较大的容量，蓄水总容量为 1999.58 万立方米。元大都城面积为 50 平方千米，每平方米蓄水容量为 0.3999 立方米。护城河与城内河道总长为 50225 米，城内河道密度为 1 千米 / 千米 ^{2}。

明清北京城

明清北京城的面积为 60.2 平方千米，城内河道密度为 1.07 千米 / 千米 ^{2}，约为唐长安城的 2.4 倍。明清紫禁城的护城河筒子河宽 52 米，深 6 米，驳岸垂直，行洪断面为 312 平方米。明清北京城全城水系的总容量为 1935.29 万立方米，每平方千米蓄水容量为 0.3215 立方米，为唐长安城的 4.5 倍。

明代先后 8 次疏浚城壕和城内河道、水道，清代更有 16 次以上，水灾频率进一步降低。

◆ 园林营建

北宋东京

北宋东京是一座园林城市,其园林可分为皇家园林和其他官办园林、私人花园和寺庙园林等。各色园林星罗棋布,仅皇家园林就有玉津苑、宜春苑、琼林苑、瑞圣园、撷景园、迎春苑等数十处,其中又以琼林苑(包括金明池)、宜春苑、玉津苑、瑞圣园四园最具代表性,被称为"东京四园苑"。

南宋临安

南宋朝廷在西湖四周修建了多处御花园。绍兴元年(1131),宋高宗赵构在万松岭紫云殿主持成立南宋画院,创作了多幅西湖山水风景图。画成后题景目时,画家马远等分别题"柳浪闻莺""苏堤春晓""曲院荷风""平湖秋月""三潭印月""断桥残雪""雷峰夕照""南屏晚钟""两峰插云""花港观鱼",成西湖十景图,始有"西湖十景"之名。

明清北京城

明代北京园林别墅的代表是李伟的清华园和米万钟的勺园。明清易代之际,清华园与勺园渐就衰败。清初,康熙在清华园故址上重加修治,建成畅春园。历经康熙、雍正、乾隆三代前后百余年,海淀附近名园并起,有圆明园、静明园、清漪园、长春园、万春园、淑春园等,有皇家的离宫别馆,也有宗室大臣的赐园,数量之多达到了空前极盛。清朝鼎盛时期,以圆明园为北京园林的典型代表。圆明园始建于康熙(1662～1722)年间,在畅春园之北,是雍亲王胤禛的赐园。乾隆继位后,又大事增修,在东边增筑万春园、长春园，与圆明园连成一片，建筑规模十分宏大。乾隆时起，圆明园不再只是单纯的游憩之所，更成为皇帝经常听政的地方。

北海琼华岛南面

明清北京城继金、元之后，又在城内三海营建琼华岛、团城、瀛台，依"一池三山"的意匠，营建太液仙山或皇家园林。

◆ 象天设都

北宋东京城

北宋东京的宫城仿自唐代洛阳城，据《宋会要辑稿》记载："太祖建隆三年……五月，命有司按西京宫室图修宫城。"皇宫分为皇、宫二城，宫城在北，象征紫微垣，皇城处于东、西、南三面，象征太微垣拱卫紫微，以体现"为政以德，譬如北辰，居其所而众星拱之"的观念。拱卫皇宫的北宋东京内、外城，象征着大周天。

皇城正南门宣德门又称端门，东西为左右掖门，比附太微垣"南四星，执法，中端门；左右，掖门"的星象布局。太平兴国三年（978），在皇宫内东面筹建皇家图书馆崇文院，象征二十八星宿中位于室宿东面、"主文章，天下图书之秘府也"的东壁二星。此外，又在皇宫东边设有市场，象征太微垣之东的天市垣。

太平兴国五年，在外城北墙景阳门外置左右天驷监，比附房宿四星中象征天王的四马的天驷星。作为太庙性质的景灵宫也取法于天庙星的方位，北宋三司使丁谓指出："今大内法太微，天庙星在太微南，宜于大内东南已位建景灵宫，以合天庙之制。"此外，宋东京城的南北御街又称"天街"，州桥又称"天津桥"，南郊坛圆形三层，以象"天圆"，也都体现了"象天设都"观念。

元大都城

元大都以宫城作为太微垣，位于全城中轴线之南，城中央紫宫的位置设总领百官的中书省。位于钟楼之西

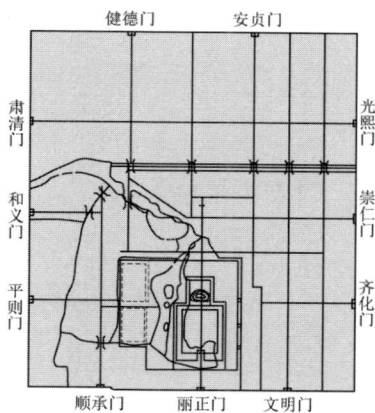

元大都城平面规划复原图

的中书省居紫微垣的位置。元大内在钟鼓楼正南，地当太微垣，其正门崇天门东南的御史台对应太微垣正门天门南端的左右执法。

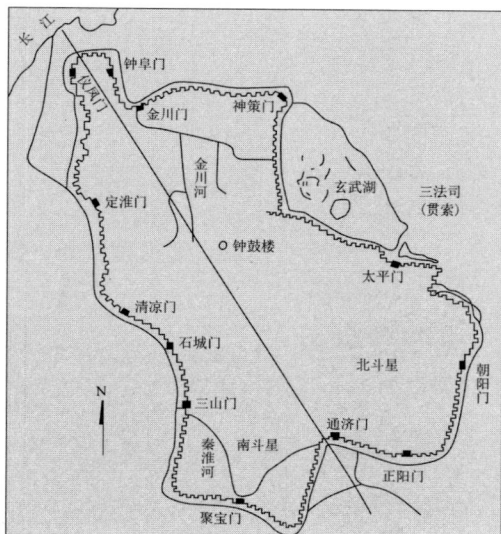

明南京城墙简图与南斗星、
北斗星位置示意图

太微为三光（日、月、五星）之廷，太微垣为太阳神之宫，这与蒙古人信奉的喇嘛教尊崇毗卢遮那佛（大日如来）有关，也与蒙古人为东夷族的后裔有关。东夷族以太阳为图腾，视自己为太阳的子孙，这使元朝统治者选择以太微垣为宫城之位。

明南京城

刘基等人为了体现明太

祖朱元璋"皇权神授"的统治地位，在规划南京城垣时，设计思想主要是仿效宇宙天象的投射，使京城城垣营建的平面图呈北斗星与南斗星聚合形。

明清北京城

明清北京城也是"匠人营国"的王城制度与象天法地意匠共同作用的产物。明清北京城在宫城居中、左祖右社等方面均符合"匠人营国"的王城制度。在象天法地的意匠上，明清北京城宫城居紫微垣之位，位于内城中央偏南，命名"紫禁城"，南边的各部衙署居太微垣之位。

开封城

开封城是中国古代城市。位于河南东部豫东平原。

春秋时期，郑庄公在此地筑城，取名启封，意为"启拓封疆"。战国时期，魏惠王迁都于此，更名大梁。汉初，因避汉景帝刘启名讳，更名开封。北周时，又更名汴州。隋唐时期，开封发展迅速，奠定了日后的雏形。五代时期，后梁、后晋、后汉、后周先后定都于此，其中后周对开封进行了大规模的改建、扩建。北宋以开封为都城，正式名称为"东京开封府"，历时 168 年，是开封历史上最为辉煌的时期。

开封的发展与运河漕运体系息息相关。尽管军事地理条件不利，但因位居"天下之枢"，水路交通便利，开封取得了北

开封城墙

宋都城的地位。北宋时直通开封城内的主要河流有汴河、蔡河、金水河和五丈河，号称"四水贯都"。五丈河是通向山东一带的主要水路。金水河航运价值虽较小，却是开封城内生活用水的重要来源。蔡河通陈、蔡、汝、颍诸州，又沟通江南达于长江，航运价值巨大，仅次于汴河。汴河是四条河中最为重要的一条，它实际上是隋朝大运河中通济渠的一段，《宋史》称："唯汴水横亘中国，首承大河，漕引江湖，利尽南海，半天下之财赋，并山泽之百货，悉由此路而进。"

开封有三套城墙，分别为宫城、里城和外城，均有护城河。宫城原为唐代州城的子城，宋太祖扩建，周边五里，基本呈方形。内城即唐代的罗城，为南北稍长、东西略短的长方形，周回二十里一百五十五步。外城原为后周世宗柴荣所筑，宋神宗时有所拓展，南北稍长、东西略短，周回五十里一百六十五步。形成这种格局的原因是开封的城市规模不断扩大，且周边没有自然天险作为屏障，城套城的形式有利于防御。注重防御的思想在外城的建设上体现得尤其明显，外城城门均设瓮城，另有马面、敌楼等。

由于商业的发展和人口的增加，里坊制度在开封逐渐解体，变成了街巷制。坊墙不再存在，并取消了宵禁。市场不再局限于坊市之内，出现了遍布全城的商业街，不仅有河市、桥市等，连御街也变成了重要的商业街道。商铺、酒楼、食店、茶坊、药店、邸店等沿街布置，各种专业性的行市相对集中，分布在不同的地段。瓦子由众多勾栏组成，是大型的文化娱乐场所，兼有商业活动。夜市十分兴盛，通宵达旦地营业。城市无论在时间还是空间上都由封闭走向了开放。张择端的《清明上河图》反映了开封繁荣的商业街市。官署机构无法集中在一个专门的区域，而是在城内随机分布。

北宋时开封有着众多园林，既有皇家和官办的，也有寺院庙宇所属，还有官僚富贵人家的私家花园等，总数约有百座，著名的有艮岳、琼林苑、宜春苑、玉津园、瑞圣园等。官办园林在一定时间向公众开放，是人们游览休闲的重要去处。

开封由坊里制转变为街巷制意味着中国古代城市的重大变革，由封闭走向了开放。不单是城市商业活动不再受时间和空间的限制，更重要的在于引发了城市的功能性质、物质要素、结构布局等方方面面的整体嬗变，由此，中国古代城市又向前发展了一步，被誉为中国城市近代化的开端。并且，城市的发展又在社会的经济、思想、文化、科技、生活等各个领域产生了巨大而深远的影响。在经济思想方面，"重农抑商"的教条遭到怀疑和批判，产生了"工商皆本"的思想主张。商人地位大为提高，传统的社会结构改变，产生了资本主义的萌芽。城市居民也获得了更大的自由，自我意识觉醒，迸发出巨大的创造力。城市变成了文化的熔炉，锻造了文化艺术的发展，以宋词为代表的文学、以《清明上河图》为代表的绘画都达到了极高的水平，戏剧、曲艺和杂技等也取得了长足的进步。陈寅恪评价宋代达到了中华文化的巅峰时期，而这与城市的开放发展有着紧密的关系。

辽中京

辽中京是中国古代城市。位于内蒙古自治区昭乌达盟宁城县大明镇。

辽代五京之一，建于辽统和二十一年至二十五年（1003～1007），城名中京、府名大定，是辽代中晚期的政治、经济、文化中心。

辽中京城坐落于西辽河流域上源的老哈河北岸冲积平原上，水资源充足，土壤肥沃，地近中原。辽圣宗耶律隆绪于辽、宋签订澶渊之盟后，为便和宋朝交往而选奚王牙帐故地，参考辽上京和中原都城制度，"择良工于燕、蓟，董役二岁"初成。其后 20 年中多有增建。

1958～1960 年，内蒙古文物工作队对中京城址进行发掘钻探，经遗址遗迹与史料互证，城市规制基本明确。城址由外城、内城和皇城组成，空间布局"拟神都之制"，为三重城格局，中轴线呈南北向、略偏东。遗址内建筑遗迹明显，地面见有房址、灰坑、砖构件、瓷、瓦片等遗迹、遗物，记载曾建有郛郭、宫掖、楼阁、府库、市肆、廊庑等，总占地面积约 14.7 平方千米。皇城与内城为契丹族统治者使用，外城"实以汉户"，属被统治者汉族和其他一些少数民族居住。南郊有园圃，为射猎、宴会场所。

外城平面呈矩形，南北宽约 3500 米、东西长约 4200 米。城垣基宽11～15 米、残高 4～6 米，每隔 90 余米建一马面。西墙保存较好，每隔 90 余米有一楼橹痕迹。南墙中端有两个残高 10 米的夯筑土堆、间距 17 米，为朱夏门；土堆外有瓮城遗址，呈正方形，西侧有豁口。朱夏门往北，有中央干道长 1400 米，是城市中轴线，道宽 64 米，两侧有排水沟，可经城墙下涵洞往城外排水。干道两侧各有三条平行的南北向街道，另有东西向街道五条，道宽分别为 8 米、12 米、15 米。东西向街道和南北向街道相交、划分里坊街巷。外城内曾建有官署、庙宇、驿馆等，干道两侧有廊舍约 300 间，庑下为市肆。

内城位于外城北部居中，平面与外城构成"回"字形。城垣遗址东西长 2000 米、南北宽 1500 米。东、南、北三面城墙保存较好，残高约 5 米，基宽 13 米左右。墙上筑有楼橹，南墙楼橹间距 95～97 米。中段有两个高大封土堆，间距 20 余米、残高 6 米，为阳德门，上曾有楼橹。门南有廊舍建筑遗址，规模很大。门外设大同驿馆，用以接待宋使。门内大道直通皇城南门阊阖门，道旁两侧有矮墙。城内为官署所在及屯兵区，称契丹城，功能类似后世的皇城。

皇城在内城中偏北，平面呈正方形，长宽各约 1000 米。北墙为内城北墙，城垣损毁严重，仅西墙残基隐约可见。城垣东南、西南两角各存一夯筑封土堆地表残高 2～3 米，当为东、西角楼。南墙正中经钻探似有门址，当为阊阖门，曾记载有五凤楼形式的城楼，形制略小于北宋汴梁（今河南开封）的宣德门门楼。门北有中央干道通往宫殿，门两侧 180 米处有东、西掖门，由东掖门入宫、经武功门可达武功殿，由西掖门入宫、经文化门可达文化殿，分别为辽国圣宗及其母萧太后居住，之间有大道相接。城中主要是宫殿和仓廪，功能类似后世的宫城。

辽朝崇佛，中京城内现存主要佛寺遗迹有外城西南隅的佛寺遗址和内城阳德门外东南尚存的一座八角十三级密檐大塔，俗称"大明塔"，塔基土台高 5 米，塔高 64 米，造型浑厚，雕刻精细，是现存辽塔中的珍品。

辽中京是中国历史上北方游猎民族契丹族于 11 世纪仿照中原农耕民族的都城制度建立、并沿用了上百年的契丹国都城，也是契丹族在塞北建立的、辽五京中现存最好的两个都城遗址之一，对研究契丹王朝鼎盛时期至晚期的文化面貌、居住方式、生业模式、民族交往、宗教信仰、军政制度、民族风俗、丧葬习俗、城市规划具有很高的历史、艺术、科学研究价值。1961 年，被列第一批全国重点文物保护单位。

金中都

金中都是中国古代城市。位于北京市区西南部。

金代实行五京制，设有五座都城。金初，五京分别是上京会宁府（今黑龙江阿城南）、南京开封府（今河南开封）、北京大定府（今内蒙古宁城县大明镇）、东京辽阳府（今辽宁辽阳）和西京大同府（今山西大同）。天德五年（1153），金海陵王完颜亮自上京迁都燕京（今北京），改元"贞元"，改燕京为中都大兴府。金中都是五座都城中最重要的一座，是金代中后期的政治、文化和经济中心，也是北京地区首次作为中国历史上统治范围达中原核心地区的王朝的首都。

金天辅六年（1122），金宋联兵攻辽，占据辽南京析津府后归属北宋，改为燕山府。随后，金再次攻占燕山府，更名为燕京，先后设置枢密院和行台尚书省。金天德三年（1151），在辽代南京城旧址上扩建。天德五年迁都后，定名中都大兴府，建设工程在迁都后仍在进行。

金中都仿北宋都城汴梁（今河南开封）形制，城墙就辽南京城东、西、南三面向外扩展，分为外城和皇城。外城西南角在今凤凰嘴村，西北角在今军事博物馆南侧，东南角在今北京南站西南，东北角在今宣武门内翠花街，东西最长处 4900 米，南北最长处 4530 米，平面略呈方形，城外有壕。外城辟城门 13 座，北垣 4 门，其他三垣各 3 门，门内有街道相连。城内由继承辽南京、保持唐代里坊形制的街坊和金代新建效仿北宋汴梁的开放街巷组成。街道分为三级，通向城门的大街为干线，最小者为"巷"，小巷也可直通大街，是坊界消失、街巷制取代里坊制的例证。金代扩建的部分与大街正交的街巷平行排列，与原有辽代里坊之巷布置方式不同。全城划分64坊。城内建有众多寺院，以悯忠寺、开泰寺、延圣寺、天长观等为代表，今法源寺即建在悯忠寺故址。

皇城居外城中部略南稍偏西处，位置正当丰宜门内，周围九里三十步，史载"宫阙壮丽""工巧无遗力，所谓穷奢极侈者"。皇城之内宫城之外为行政机构及皇室宫苑等。皇城南部凸出地带以中间御道为界，两侧设御廊，廊后东侧为太庙、球场、来宁馆，西侧为尚书省、六部等行政机关及会同馆。皇城西部为西苑，北为北苑，东部靠南为东苑。

皇城东部为宫殿区（宫城），北有拱辰门，东有宣华门，西有玉华门，南面为宫城正门应天门。应天门面阔十一间，下开五个门洞，两翼展开向南连东西阙楼，平面呈凹形，形成宫前小广场。应天门北中轴线上布置一系列门、殿。大安门北为大安殿，面阔十一间，为皇帝即位、会朝大典所用。再北为仁政殿，面阔九间，为常朝之所。宫城东有东宫、东苑和皇太后宫，西为后妃所居。西有鱼藻池，又称太液池，遗迹尚存。西出玉华门为御园同乐园，有瑶池、蓬莱、柳庄、杏村等名胜，其北为北苑。

应天门往南还有一座宣阳门，两门之间为御路。出宣阳门过龙津桥直达丰宜门。御路两侧各建"千步廊"250间。廊外东侧南端建文楼，往北为来宁馆、球场、太庙，西侧南端为武楼，往北为会同馆、三省、六部。廊外各有民舍杂处其间。御路为皇帝专用，两侧设朱红栏杆，外植柳树。

中都城外，为追求中原文化，建有各种礼制建筑，设有祭祀天、地、风、雨等自然天神的多处坛庙。南城墙中门丰宜门外建有三层圆坛，合祭天地，称"南郊"或"圜丘"。北城墙中门通玄门外建有三层方坛祭地，称"北郊"或"方丘"。东、西城墙中门之外建有方坛，分祭日月。

此外，金大定十九年（1179），又在中都城外东北利用高梁河水系

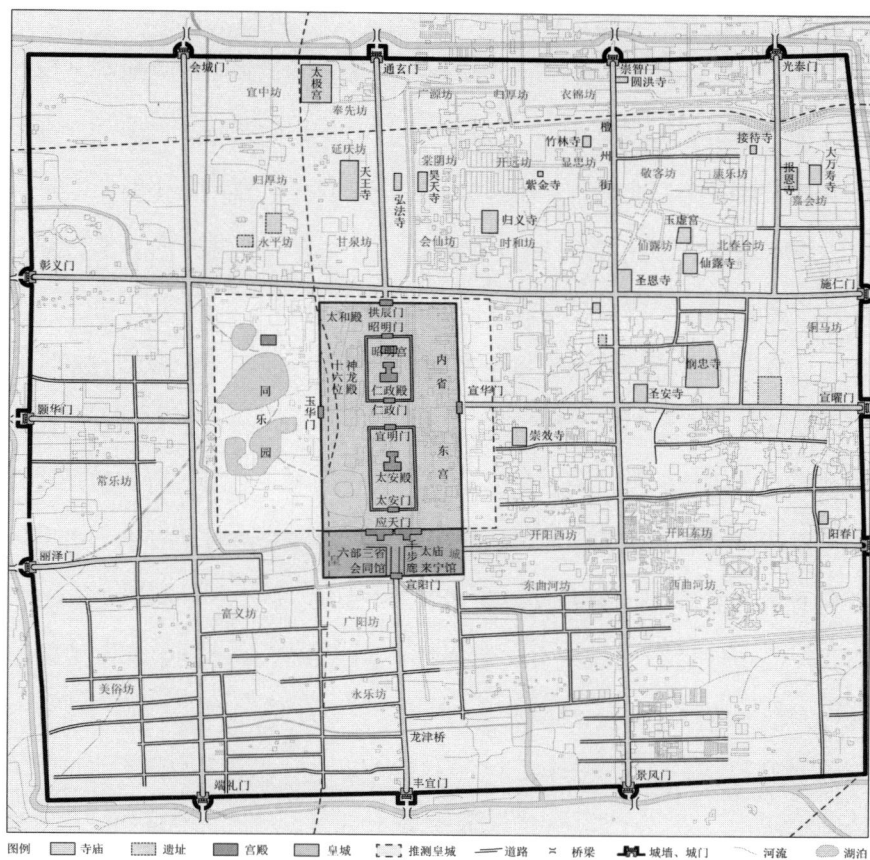

金中都布局

形成的天然湖泊（今北海琼岛处）建离宫大宁宫，作为金帝夏季避暑的行宫。

金中都城遗址在今北京市区西南部，地上仅见零星城墙夯土残址。1941 年、1943 年、1952 年对金中都城墙、护城河等遗迹进行了初步调查。1958 年开始对金中都进行全面的考古工作，阎文儒等人定位了金中都外城墙，调查了路桥、宫殿遗迹并撰写报告，通过复原研究，绘制了金中都的第一幅考古草图。1965 ～ 1966 年，徐苹芳等人再次对金中都开展考古工作，探明外城城门、皇城尺度及中轴线，并勘测了部分道路。1974 年，赵其昌对金中都和"蓟丘"叠压部分进行调查，这一阶段的金中都复原研究着重于北京地区都城变迁过程当中的相对位置、四至、扩展规模等方面。20 世纪 80 年代后，通过对金中都展开的多学科综合研究，逐渐完善了城市布局复原研究成果。

金中都事实上是北京正式作为国家政治中心登上历史舞台的起始，规划既保持了少数民族营城的特点，也吸收了汉族的规划思想，其设计手法对其后的元、明、清三代都城有很深的影响。封闭式街坊和开放式街巷并存的现象反映了中国古代城市规划思想在宋金时期发生了由里坊制向街巷制的转变，具有过渡阶段特征。1984 年，金中都遗址、金中都太液池遗址被列为北京市文物保护单位。2001 年，金中都水关遗址被列为全国重点文物保护单位。

临安城

临安城是中国古代城市，南宋都城。位于浙江省杭州市。

宋室南渡后，建炎三年（1129）升杭州为临安府。绍兴八年（1138）定都临安，称行在所。临安城在北宋仁和县（今杭州）城的基础上逐步扩建而成，分内城和外城。内城也称皇城，城墙周围九里，南门为丽正门，是大内正门，据《梦粱录》卷八记载："其门有三，皆金钉朱户，画栋雕甍，覆以铜瓦，镌镂龙凤飞骧之状，巍峨壮丽，光耀溢目"，北门为和宁门、东门为东华门、西门为西华门。皇城内殿宇亭阁众多，包括文德殿（又称大庆殿、紫宸殿、集贤殿、明堂殿，依据不同情况，分别挂上不同殿名牌额）、垂拱殿、东斋殿、西斋殿、选德殿、福宁殿，以及多处堂、斋、楼、阁、台、轩、观、亭和后苑等。外城即罗城，始筑于隋文帝开皇十一年（591），周围三十六里九十步。外城平面呈南北长、东西短的腰鼓式形制，南北长约十四里，东西宽约五里，设有城门十三座，东为便门、候潮门、保安门、新开门、崇新门、东青门、艮山门，西为钱塘门、清波门、丰豫门、钱湖门，南为嘉会门，北为余杭门，其中保安门、南水门、北水门、天宗门、余杭门为水门。

城内有一条纵贯南北的主干道御街（天街），南起皇城北门和宁门，北至斜桥，长13500 余尺，用石板铺筑。中央官署行政区和德寿宫、太庙等设在御街南段，商业区居主干道中段及行政区附近。此外，还有手工业作坊区、仓储区、码头区等。为便于城市管理，城内划分为 9 厢，城外有 4 厢，厢下

杭州严官巷南宋临安城御街遗址陈列馆

有坊（即街巷）。

由于政治中心的南移，北方人口大量南迁，"四方之民云集两浙，百倍于常"（李心传《建炎以来系年要录》卷一五八）。至咸淳（1265～1274）年间，临安府人口已达一百二十四万余。人口的激增促进了城市工商、贸易和文化的繁荣。城市的商业突破了传统的坊市制度，据《梦粱录》卷十三记载："自大街小巷，大小铺席，连门俱是，即无虚空之屋"。专业市场有米市、菜市、茶市、肉市、药市、花市、布市等。城郊出现了许多商业繁盛的镇市，《都城纪胜·坊院》记载，"城之南、西、北三处，数十里人烟生聚，市井坊陌，数日经行不尽，各可比外路一小小州郡"。手工业除服务于宫廷的各类作坊外，又有丝织、印刷、陶瓷、造船及军工业。最高学府太学，以及武学、府学、县学和专门学校分布于城中。各种杂剧、说话（说故事）、傀儡、杂技和皮影戏等文艺形式发展兴盛。

20世纪80年代以来，考古部门对临安城遗址陆续进行了多次调查、钻探、发掘，以及研究工作，发现了一大批重要遗址遗迹，如皇城遗址、太庙遗址、德寿宫遗址、三省六部遗址、御街遗址、恭圣仁烈皇后宅遗址、临安府治遗址、府学遗址、老虎洞官窑遗址、制药作坊遗址等。1995年，在城南紫阳山东麓发现太庙东围墙、东门门址及大型夯土台基等遗迹。东围墙揭露长度为90米，厚1.7米，残高1.4～1.5米，全部用规则条石错缝砌成，墙内用乱石及黄褐土充填。围墙内侧置散水沟，外侧为南宋御街。东大门位于围墙中段，宽4.8米。夯土台基均用黄褐土夯筑而成。遗址规模宏大，营造考究。2001年，发现南宋恭圣仁烈皇后宅遗址主体建筑一处，包括正房、后房、庭院、东西两庑和夹道遗迹。正房、后房和两庑均建在夯土台基上，台基周围有砖砌的护墙，地面全部用砖铺成。方池、庭院、夹道均有完善的排水设施。正房面宽七间，进深三间，柱础石用太湖石磨制而成，东西两庑面宽亦达五间。庭院的北部保留有太湖石垒砌的假山和砖砌的假山过道，规模十分宏大。2001年，临安城遗址被列为第五批全国重点文物保护单位。

大都城

大都城是中国元代的都城和全国政治、经济、文化中心，即今北京。

20世纪60年代以来，中国科学院考古研究所和北京市文物工作队共同开展考古勘探，基本探明了大都外郭城的形制和范围以及皇城和宫城的范围，发掘了部分元代居住建筑遗址。90年代以来，故宫博物院在基础建设中又陆续发现一系列元代建筑基础。

◆ 建城过程

元世祖忽必烈即位之初，采取两都制度，以开平（今内蒙古正蓝旗境内）为主要都城，名上都，以燕京（原金中都）为陪都，名中都。至元元年（1264），元世祖决定在原金中都东北郊以琼华岛金代大宁宫（后改称万宁宫）一带为中心建设一座新城。随后组成修建机构，征集工匠，命刘秉忠主持规划，参与规划和营建的还有阿拉伯人亦黑迭儿丁（又译也黑迭儿）等。至元四年，"命秉忠筑中都城，始建宗庙宫室"，至元八年"建国号曰大元"，至元九年"改中都为大都"，作为主要都城，原上都改为陪都。至元二十一年，新城内已建成宫府、衙署、市肆、税收机构和大都路总管府等。次年，颁布旧城（金中都）居民迁居新城的法令，展开城内民居街坊的建造活动。到至元二十九年，大都已成为繁华的大城市。

◆ **布局形制**

据考古勘测，大都城垣东西宽约 6700 米，南北长约 7600 米，面积 50.9 平方千米，接近方形。北面二门，东、西、南三面各三门。城垣四角建有巨大角楼，城门外筑瓮城、吊桥。城垣周围环绕护城河。都城的布局形制为三重城垣：大城、皇城（内城）和宫城。皇城周长二十里，位于大城内南部中央地区；皇城内包括宫城、御苑，以及兴圣宫、隆福宫、太子宫和太液池等。宫城在皇城内偏东部，在全城的中轴线上，分为前朝、后宫两个部分。社稷坛位于皇城以西平则门内，太庙位于皇城以东齐化门内。商业活动集中的市布置在城内北部鼓楼一带。这种"左祖右社，面朝后市"的布局，符合中国传统的都城规划模式。商业区除皇城以北的"市"以外，还有毗邻旧城的顺承门里和四门关厢一带，如文明门外通惠河是漕船必经之地，车船辐辏；齐化门关厢，凡江南直沽海道经通州来大都的多在此旅居；平则门外关厢也聚居着从西部来京的客商。因此市肆建筑是大都城早期建设的内容之一。宗教建筑用地较多，但很分散。由于元朝统治者的重视，各种宗教并存发展，城内建造了许多大型庙宇，如大圣寿万安寺（今妙应寺）、护国寺、东岳庙等。

大都城市布局严谨，井然有序，有明确的中轴线，以宫城为中心，南起丽正门，经皇城前广场，过棂星门，进入皇城、宫城，直抵皇城以北位于都城几何中心的中心阁。由此向北，轴线略微西移，通过鼓楼，

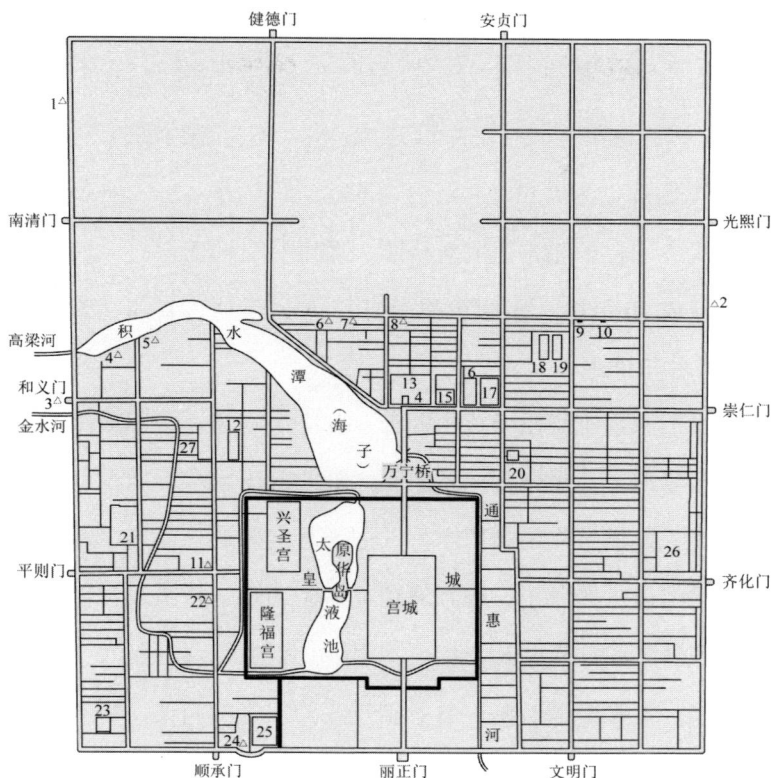

大都城市布局

直达钟楼。这条轴线也成为明清北京城中轴线的基础。

◆ 道路系统和街坊划分

元大都的干道系统基本上是方格网式，整齐方正。南北向道路贯穿全城，东西向干道则受到居中的皇城和海子阻隔，因而形成若干丁字街。中轴线上的大街最宽为 28 米，其他干道宽 25 米。皇城同各城门口和干道之间联系方便。

全城被干道划分成方形的街坊，街坊再被平行的小巷划分为住宅用地。坊内小巷称胡同，多为东西向。胡同之间相隔约 70 米，胡同宽 5 ~ 7 米。胡同内院落式住宅并联建造，每一住宅院落的宅基地，按至元二十二年的规定为 8 亩（1 亩约为 666.6 平方米）。这种东西向胡同的布局方式，适合于北方住宅对日照、通风和交通的需要。元初大都城全城被划分成 50 个坊，坊无坊墙、坊门，不同于唐代封闭式的里坊制。

◆ 水系和排水

大都城的水系工程由元代水利专家郭守敬规划，主要是疏通东西向的运河（通惠河），另规划一条新渠，把北部山区水源以及西山泉水引入城内，使大都城有充足的用水，并同通惠河接通。主要水系有两条：一条由高粱河引水经海子、通惠河通往城东通州，使漕运可以直达大都城内；一条由金水河引水入太液池，再流往通惠河，保证了宫苑的用水。城市的排水，是在干道两侧用石条砌筑宽约 1 米的明渠，将废水通过城墙下预先构筑的涵洞排出城外。

大都城是唐代以来中国规模最大的一座新建城市，有统一的规划和周密的建设计划，反映了当时的科学技术成就，在中国城市建设史上占有重要地位。明清北京城就是在元大都的基础上改建和扩建而成。大都城规划上继承了中原王朝北宋以来的传统而有所发展，城市布局体现出对《考工记》中"旁三门""左祖右社""前朝后市"等特征的比附。利用太液池水面为中心，布置三足鼎立宫殿群的城市格局，是其规划中最具特色的创新之处，在中国历代都城建设史上独具一格。2006 年，元大都城墙遗址被列为全国重点文物保护单位。

北京城

北京城是中国古代城市，明清两代的国家象征、政治中枢和文化中心。位于华北平原北端。

在元大都的基础上改建和扩建而成，是中国明清两代的都城。太行山东麓南北交通大道、永定河古渡口和北京小平原向西北、北方、东方沟通燕山内外的古道是北京在此建城的基础。处于古代中国农耕、游牧、渔猎三大生业区的交会地，是日后北京城逐渐发展壮大，成为古代中国封建社会后期王朝都城的决定性因素。

◆ 历史沿革

明洪武元年（1368），明太祖朱元璋建立明朝，定都南京。同年，改元大都为北平。永乐元年（1403），升北平为都城，称北京。永乐四年动工，永乐十五年兴建宫殿，永乐十九年由南京迁都北京。北京的建设过程中，共集中来自全国各地的匠户 2.7 万户，动用工匠 20 万～30 万人，征发民夫近百万。嘉靖（1522～1566）年间，北京城经历重大改制。明亡后，清王朝仍建都北京。清初，由于火灾和地震，宫殿多处被毁坏，北京现存宫殿大多是清代重修的，但其布局则尚存明代旧制。

◆ 城市形制

明清北京城包括宫皇城、内城和外城。

明北京城的宫城即紫禁城，在元大都宫城基础上稍向南移，但轴线未变。宫城之外为皇城，开四门。皇城北部筑有万岁山，西部为西苑，并于太液池南端新凿一湖，即今南海，南部在宫城左右分置太庙、社稷坛，二者之间的朝天门至大明门辟有 T 形广场，列中央官署。

内城的东西墙仍是元大都的城垣。洪武四年（1371），将元大都城内比较空旷的北部废弃，在原北城垣以南5千米处另筑新垣（即今德胜门、安定门一线）。永乐十七年，又将南垣南移一里（即今正阳门、崇文门、宣武门一线），形成的内城东西长6635米，南北长5350米。

嘉靖年间，在内城南垣以外发展出大片居民区和市肆。为加强城防，修筑了外城墙，形成外城。外城东西长7950米，南北长3100米。原计划在内城东、西、北三面也修建外城墙，但限于财力，终明之世未能实现。清朝因同北方少数民族关系友好，未再建外城，使北京城的平面轮廓呈"凸"字形。北京城人口在明末已近百万，清代超过百万。

◆ **规划布局**

明北京城的规划贯穿礼制思想，继承了中国历代都城规划的传统。

功能分区

宫城居全城中心位置，宫城外套筑皇城。宫城内采取传统的"前朝后寝"制度，布置着皇帝听政、居住的宫室和御花园。宫城南门前方两侧布置太庙和社稷坛，再往南为五府六部等官署。宫城北门外设内市，还布置一些为宫廷服务的手工业作坊。这种布置方式完全承袭了"左祖右社，前朝后市"的传统王城形制。

居住区分布在皇城四周。明代分为37坊，清代分为10坊。坊只是城市地域上的划分，不具里坊制的性质。居住区结构同元大都相仿，以胡同划分为长条形的住宅地段。内城多住官僚、贵族、地主和商人，外城多住一般平民。清初满族住内城，汉族及其他民族多居外城。

商业区的分布密度较大。明代在东四牌楼和内城南正阳门外形成繁

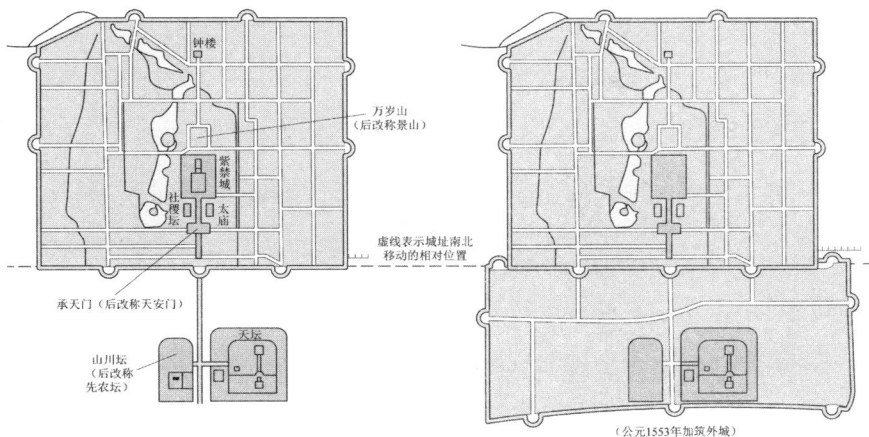

北京城布局

荣的商业区。由于行会的发展，同行业者相对集中，在现今北京街名中也有所反映，如米市大街、菜市口、磁器口等。城内有些地区形成集中交易或定期交易的市，如东华门外的灯市在上元节前后开市 10 天。庙会形式的集市也得到发展，清代定期的集市有五大庙会，外城有花市集、土地庙会，内城有白塔寺、护国寺、隆福寺庙会。此外还有固定的商业街，如西大市街。清代商品运输主要靠大运河，由城东通往通州的运河码头较便捷，因而仓库大多在东城。

建筑布局

北京城的建筑布局运用中轴线的手法。中轴线南端自永定门起，北端至鼓楼、钟楼止，全长 8 千米，是布局结构的骨干。皇帝所居的宫殿及其他重要建筑都沿着这条轴线布置。中轴线南段自永定门起向北到正阳门是一条笔直的大道，大道两侧布置了天坛和先农坛两组建筑群。从正阳门北向经过大清门（明朝原称大明门）是 T 字形的宫前广场。广场南部收缩在东西两列千步廊之间，形成一条狭长的通道；广场北部向左右两翼展开。广场北面屹立着庄严宏伟的天安门，门前点缀着汉白玉的金水桥和华表。进入天安门，经过端门、午门和太和门即为六座大殿（清代重修的太和殿、中和殿、保和殿"前三殿"和乾清宫、交泰殿、坤宁宫"后三殿"）。这六座形式不同的宫殿建筑和格局各异的庭院结合在一起，占据中轴线上最重要的部位——紫禁城。在紫禁城正北，矗立着近50米高的景山，是全城的制高点。在景山北，经过皇城的北门地安门，抵达中轴线的终点鼓楼和钟楼。北京城的整个建筑布局在中轴线上重点突出，主次分明，整齐严谨，端庄宏伟。

道路系统

明清北京城在元大都的基础上扩建，形成方格式（棋盘式）道路网，街道走向大都为正南北、正东西。城内主要干道是宫城前至永定门的大街和宫城通往内城各城门的大街。外城有崇文门外大街、宣武门外大街以及联结这两条大街的横街。由于皇城居中，所以内城分成东西两部分，东西向交通受到一些阻隔，方格式路网中出现不少丁字街。

园林配置

明代主要宫苑如紫禁城以西的西苑，是利用金元时期以太液池（今北海和中海）和琼华岛为中心的离宫旧址扩建而成。明初还在太液池南端开凿了南海。清代继续扩建以三海（北海、中海、南海）为中心的宫苑，大片的园林水面和严谨的建筑布局巧妙结合，是北京城市中心地区园林绿化的基础。清代还在西北郊兴建大批宫苑，包括圆明园、长春园、万春园、静明园、静宜园、清漪园（后称颐和园）等。这些宫苑各具特色，形成环境优美的风景地带。此外，清代内城许多贵族府第还建有私家宅园。

给水排水

城市一般居民饮水主要靠人工凿井，在几条胡同之间有一两口水井。元代开辟了西北郊白浮泉新水源，又把玉泉山的泉水引入大都城内，为宫廷和园林（以及大运河）供水。至明代，因渠道失修，白浮泉断流，城市水源枯竭，只靠玉泉山泉水流经瓮山泊注入城内积水潭，其中一支流入太液池。到清代，开拓瓮山泊成为昆明湖，增加了济漕和园林的水源。

明清北京城的排水系统也是在元大都的基础上发展起来的。紫禁城内的排水沟渠自成独立系统，除地下暗沟外，还有明渠内金水河。护城壕既有防御作用，也是城内供水和排洪泄污的明渠。德胜门外西水关是从护城壕引水入关的上游，前三门外的护城壕则是城内主要沟渠排水泄污的下游。城内主要沟渠有大明壕、东沟、西沟以及东长安街御河桥下沟等。这些沟渠都顺地势，自北向南流去。外城有龙须沟、虎坊桥明沟和正阳门东南三里河等沟渠，都起着排泄前三门护城壕余涨的作用，实际上是内城排水系统的一部分。

明清北京城在规划思想、布局结构和建筑艺术上继承和发展了中国历代都城规划的传统，在中国城市建设历史上占有重要地位。北京今保存有 60 余处和明清北京城有关的全国重点文物保护单位。

广州城

广州城是中国古代城市。位于广东省中部，濒临南海，地处珠江三角洲腹地，北靠白云山，南向狮子洋。

中国海上丝绸之路的门户港城，有"中国南大门"之称。历史上曾有南越、南汉、南明三个封建王朝在此建都，三朝十主，共计148年。

广州古称番禺。公元前214年，秦平岭南，设南海、桂林、象郡三

广州历代城址变迁图

郡，番禺为南海郡治，筑任嚣城。秦末，任嚣病故，赵陀代行郡尉职务，建立南越国，以番禺为国都，扩建成赵陀城，自称南越王。汉武帝元鼎六年（前111），楼船将军杨仆征岭南，纵火烧番禺城，将南海郡治南迁五十里。东汉建安二十二年（217），交州刺史步骘把州城再迁回番禺。

唐代广州经济繁荣，是当时全国最大的外贸港口和唯一的通海夷道，直达波斯、阿拉伯半岛等地。大量阿拉伯商人来到广州并在城西居住，官府设立蕃坊，在广州的外国人达12万之多。元和（806～820）年间，广州有74099户，人口至少达30万。乾符六年（879），黄巢率农民起义军围攻广州，广州城受战火之灾，蕃坊区受损尤重。天复二年（902）起，清海军节度使、岭南节度使刘隐主政广州。天祐三年（906），刘隐凿禺山扩建城池，号新南城，在凿平的禺山筑双阙。刘隐病故后，弟刘岩接任兄职，于梁贞明三年（917）称帝，改元乾亨，国号大越。次年，改称为汉，史称南汉。刘岩实行有利于发展岭南经济文化的措施，重用

中原士人为官，又发展外贸，大量外来商品运至广州，部分贩运至内陆地区，岭南经济得到进一步发展。南汉国经济实力大增，在广州城内外修建了大量宫殿苑囿和佛寺。

宋朝，广州为中国第一大港和海上丝绸之路的起点，设立市舶司，外贸的管理制度更加完善。珠江三角洲进一步开发，广州成为岭南第一大米市。加上蔗糖、棉布、陶瓷等生产的发展，海上贸易的繁盛，广州更为繁荣富庶。宋朝300多年间，广州城的扩建和修缮达十多次。北宋庆历四年（1044），陆续加筑中城、东城和西城。中城（又称子城）以南汉旧城为基础；东城以赵陀城旧址为基础；西城是为了保护新发展的商业区而扩建的，规模最大，周长十三里，三城东西相连。

元代广州仍设立市舶司，同广州贸易的国家和地区至少有140个。元代的广州仅次于泉州，是中国的第二大港，也是世界大港之一。

明洪武三年（1370），广州设立广州市舶司提举司，管理朝贡事宜。永乐元年（1403），广州西关蚬子步设怀远驿，招待往来贡使。广州城分为老城和新城。洪武三年，将宋代三城合而为一，并扩展东城，扩大北城，北跨越秀山，山上建镇海楼。城周长二十一里三十二步，称为老城，有八门。

清顺治四年（1647），在新城之南加筑直至江边的东西两翼城。城区向西关、东关扩展。西关建了大片民居和手工业区，东关也沿江伸到元鉴街，覆盖今广州主要市区的范围。康熙二十五年（1686），广州的粤海关被允许对外贸易，在怀远驿附近设立夷馆，并设立十三行，专门从事对外贸易，广州成为中国沿海地区外贸最为繁盛的城市。

泉州城

泉州城是中国古代城市，位于福建省南部沿海、晋江北岸。

始建于唐代。唐开元六年（718），州治东移到今泉州境内。泉州唐城呈四方形，以今钟楼前的双门前头为中心，以南北大街为中轴线，建有四门。依唐朝"前市后朝"的城市布局原则，政府机关设在钟楼以北，商业区在钟楼以南。街坊具有整齐、对称的特点。城外有吊桥、城壕。子城内建有八卦沟，历代均有修浚。

泉州罗城始建于南唐保大年间（943～957）。罗城南北窄，东西长，呈瘦长鱼状，义成门与临漳门居鱼尾，南薰门在鱼腹，通津门在鱼臀，北垣一带为鱼背，仁风门与通淮门居鱼首，小东门正对东湖上小岛，如鲤鱼吐珠，因而泉州又俗称"鲤鱼城"。

五代时期，福建政局相对安定，闽太祖王审知招徕外商，大力发展海外贸易，泉州经济得到进一步发展。旧唐城因面积狭窄，不敷应用，于是打破唐城方形格局，向外围扩展，城门由四个扩建为七个。城门南扩建至新门街与涂门街间，俗名"涂山街头"处。在扩建的东门街和涂门街上开大路、建货栈，以利交通贸易。同时发展手工业、农业生产，把陶瓷、丝绸、铜铁等产品外运，对泉州海外贸易的发展起到了促进作用。

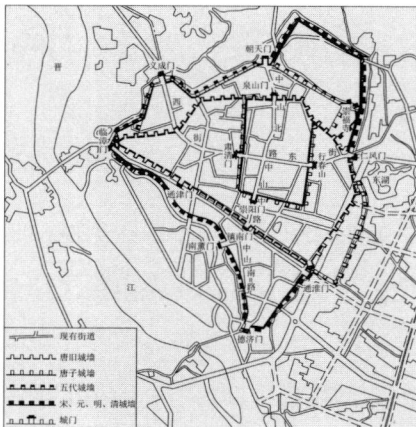

泉州城布局

北宋时期，泉州港的对外贸易虽有发展，但距古城扩建时间较短，在城市建设上，只是把市舶司设在城外，以便利外商，同时加固城墙，"外砖内石，基横二丈，高过之。"南宋初年，随着泉州港海外贸易地位赶上广州，泉州古城向西南方面进一步扩大，从新门、涂门街一直向南扩充到今下十字街处，并建立新的南门城，新建的这一地带被称为"泉南"，是南宋泉州外贸繁盛之区。此外，把原有城西的旧水门南移，建立新的水门，即宋通津门。城内街道有顶、中、下三个十字街，有七座城门和六条街道，构成商业城市四通八达的交通网。城内商业中心在中十字街，对外贸易机构集中在泉南，造船厂分布在南门江边，泉州成为一座"城内画坊八十，生齿无虑五十万"（陆藻《修城记》）的商业大城市。

元代，泉州已经成为东方第一大港。在南宋城的基础上，泉州进一步向四周扩展，南边由南宋南门街向南延伸到晋江边，成为泉州古城面积最大的时期。自中十字街到下十字街的泉南地区，是元泉州城最繁华的地区，也是外国人集中侨居的地区。在这一地区，涂门的清净寺、车站的蕃佛坊（婆罗门教寺）、南门的回教寺等都是外国人常聚之处，在《蒲寿庚考》书中，被称为"泉南蕃坊"。

明、清时期，泉州港不断淤积，于是市舶司移往福州。泉州港逐渐衰落。

泉州城保留了众多历代文物古迹，如开元寺以及寺内的双石塔，中国现存最早的伊斯兰教清真寺之一的清净寺，清源山上的宋代老君岩造像和洛阳桥（万安桥）、天后宫、泉州府学孔庙、弥陀岩等。1982年，泉州被列入第一批国家历史文化名城。

明州城

明州城是中国古代城市，位于浙江省东部，即今宁波。

唐宋以来海外交通的重要口岸。秦朝在今宁波地设鄞、鄮、句章三县，隶属会稽郡。唐开元二十六年（738），以鄮县置明州郡，统鄮、奉化、慈溪、翁山四县。长庆元年（821），州治迁至现址，建子城。景福年间（892～893）建罗城。南宋庆元二年（1196）升为庆元府。元至元十三年（1276）称庆元路。明洪武十四年（1381），为避国号讳，取"海定则波宁"之意改为宁波府，宁波之名沿用至今。

明州罗城是唐末刺史黄晟所筑，周长二千五百二十七丈，计十八里。设有十座城门，西为望京门，南为甬水门，东南为甬江门，东为灵桥门、来安门、东渡门，东北为渔浦门，北为盐仓门、达信门，西北为郑堰门。其中，望京门、甬水门有水门通漕运。子城在城内西北部，建造时间早于罗城，周回四百二十丈，设有东、南、西三门，南为正门，称奉国军门。鄞县县署在子城东二百八十步处。

城北是明州城的政治中心，（州）府治、县治均设在北部。子城内主要有庆元门、仪门、设厅、制置司签厅、庆元府签厅、进思堂、平易堂、治事厅、锦堂、清暑堂、镇海楼、鄮山堂、九经堂、梅庄、春风堂、双瑞楼、芙蓉堂、清心堂、明秀楼、甬东道院、真瑞堂、喜雨楼、红莲阁、众乐堂、涵虚馆、隐德堂、广生堂等建筑和一些仓储建筑，如常平仓、军资库、甲仗库，以及亭、廊、花园等。2001～2002年，宁波市文物考古部门在子城东南部（今鼓楼一侧）发现元代永丰库（宋代常平仓）遗址，总面积达 9600 平方米，发掘面积 3500 平方米。这是以两座元代大型单体建筑基址为核心，砖砌甬道、庭院、排水明沟、水井、河道等与之相互联系，布局相对完整的宋、元、明三代上下叠压的大型衙署仓储机构遗址。此外还发现了汇集大多数宋元时期江南和中原地区著名窑址的陶瓷器等大量遗物。

明州阿育王寺的大雄宝殿

子城南面的大街横贯城中，东起东渡门，西至望京门，为明州城中的主要大街。南北向有多条道路，其中最主要的是从子城南门至罗城甬水门的大道。城外奉化江自南流至城东，慈溪江自西流至城北，西与南为它山江环绕。城内有日湖、月湖、关里河、平桥河等水域和一百多座桥梁。

明州自唐代以来就是重要的港口城市，到两宋，海外贸易达到鼎盛。北宋淳化元年（990），朝廷在明州设市舶务，管理对外贸易，主要负责对高丽（今朝鲜）、日本以及阿拉伯国家的外贸。此外，还设有来远亭、驿馆等建筑、机构。

南宋时期，朝廷品定天下佛寺寺格等级，创设五山十刹制，明州天童寺和阿育王寺分别为五山的第三、第五，雪窦山资圣寺为十刹第五。西郊灵山保国寺始建于东汉，现存主轴线基本保留了宋代的格局规模。大殿重建于北宋大中祥符六年（1013），为三开间单檐（清末在前檐和两山面增建一重下檐）歇山顶建筑。构架侧样为八架椽屋，前三椽栿后乳栿用四柱。外檐补间七铺作双抄双下昂单栱造，里转六铺作单栱造出三抄，里外第一跳偷心。天王殿、观音殿、钟鼓楼、厢房等建筑多为清代重建，最后一进藏经楼是民国时期建筑，天王殿前的两座唐代经幢是近代由寺外迁至此。1961 年，保国寺被列为第一批全国重点文物保护单位。

位于月湖西面的天一阁由明兵部右侍郎范钦建于 1561 年，是国内现存最早的私家藏书楼，盛时藏书达七万卷。书楼为六开间的两层木结构建筑，坐北朝南，前后均开窗，以通风防潮。楼前有假山庭院，一方水池，作防火之用。天一阁独特的建筑模式和管理制度对中国藏书文化产生了重要影响，乾隆修《四库全书》时，要求模仿天一阁样式建南北七阁储藏《四库全书》。1982 年，天一阁被列为全国重点文物保护单位。1986 年，宁波被列为第二批国家历史文化名城。

宋元明清的州府城

宋元明清四个朝代中，州府城的发展与起源。

◆ 数量

秦汉以降，历朝大体都以府、县两级作为基本的地方政权机构，府、县治所在的城镇，既是该地区的政治中心，又往往是军事、经济、文化中心。

北宋徽宗宣和四年（1122），"天下分路二十六，京府四，府

三十，州二百五十四，监六十三，县一千二百三十四。"。"监"是宋
代在坑冶、铸钱、牧马、产盐等地区置的地方行政区划，有二种，一与
府、州同级，隶属于路；一与县同级，隶属于府州。南宋疆土为金、元
所侵，州、府城数目下降。

元代有路、府、州、县四等城制。元世祖至元十七年（1280），有"路
一百八十五，府三十三，州三百五十九，……县一千一百二十七"。明
代城市中，有2座京城、140座府城（含附北京与南京城之郭的顺天府
与应天府）、193座州城、1138座县城。另有设羁縻司之府19座、州
47座、县6座。清末有1个首都、22个省城、216个府州、212个州城、
151个厅城和1362个县城。"厅"是清代在新开发地区的一种政区建置，
分为二种，直隶厅与府、直隶州平行，直隶于省，散厅与散州和县平行，
直隶于府。

◆ **城池和平面形态**

中国古代的城市都筑有一圈以上的城垣，城垣外环绕濠池，是必备
的防卫工程设施，称之为城池。宋明的城市可以分为四个等级。第一等
级是京师及都城，第二等级是府城，第三等级是州城，第四等级是一般
的县城。元代在第一等级下增加了路城作为第二等级，清代增加了省城
作为第二等级，府、州、县城则成为第三、四、五等级。州府城的平面
形态有多种，较常见的有方形、矩形，比如明归德府城、彰德府城、汝
州城均为方形。也有圆形的，如明松江府城。

有许多州府城建在山地丘陵之上，平面呈不规则的形态，比如宋代
和明清的广州城，明重庆府城、明葭州城等。许多州府城的平面形态还

受到中国传统仿生象物意匠的影响，如宋赣州府城、明清成都府城呈龟形。此外还有凤凰城、卧牛城、葫芦城、梅花城、荷城、船城、八卦城、太极城等。

◆ **基本要素**

州府城须有必要的机构和相应的设施。

行政机构

府治、州治多位于城中心地段，形成全城中心建筑群。宋代府衙无现存实例，故以南宋建康府衙平面复原图为例。府衙包括中轴线及东路北侧相关院落，府治中轴线从南往北依次为鼓角楼、仪门、戒石铭、设厅、清心堂、忠实不欺之堂、静得堂。其中府门至忠实不欺之堂为府衙的"治事之所"，静得堂为后堂，中轴线东侧的两路建筑群，北侧院落均为府宅，府廨东北角为郡圃，即衙署花园。

鼓角楼前四座四角攒尖顶的建筑散布，分别是颁春、宣诏亭、拨务、拨骖房。戒石亭在仪门后，亭中戒石刻皇帝颁赐的警戒地方官的铭语和"公生明"三字。

明清府衙在中轴线上设置与宋代大致相同，正门外两侧设旌善亭、申明亭和榜棚，是揭示公告之处（旌善亭表彰善行，申明亭公布处罚、判决）；正对正门还往往设立牌坊和照壁。戒石亭后为大堂五间，是举行典礼、发布政令、审理案件之处，左右两庑设六房属吏的办事处（东庑是吏、户、礼三房与勘令科等，西庑是兵、刑、工三房和承发司等）。

大堂之后有穿堂与后堂五间相连，形成工字形平面。后堂即所谓"退思堂"，供审理公事退思商议之用。堂后是知府官邸（称为廨或宅），两旁是七位僚属的住宅，即同知宅、通判宅、推官宅、经历宅、照磨宅、知事宅、检校宅。

此外还有监察御史院、税课司、巡检司、仓储等机构设施。

文化与恤政机构

儒学是府、县官学。学生有廪膳生（公费）、广增生和附学生 3 种。儒学包括文庙和学宫两部分；学宫以明伦堂（大教室兼礼堂）为中心，后面有教授、学正和教谕的住宅（府的学官称教授，州称学正，县称教谕），周围还有敬一亭、尊经阁、射圃、名宦祠、乡贤祠和生员斋宿等用房。

书院是私学，其多或少与当地经济、文化相关。从宋代起，惠民药局、养济院、漏泽园都是官办慈善机构。惠民药局提供医药施舍，养济院负责收养孤儿和无人抚养的老人，漏泽园为收瘗贫民死无所归和无主尸殍的场所。明承宋，实行较为普遍。阴阳学与医学也是明朝所设官学。阴阳学是掌昼夜刻漏及境内灾祥申报的天文、气象部门，多设在府、县的谯楼上，府设正术一名（从九品）、县设训术一名。医学掌方药医疗及狱囚疾病事宜，府设正科（从九品）、县设训科各一人，常与惠民药局结合设置。

礼制祠祀场所

各府、县都设有山川坛、社稷坛、厉坛三坛。山川坛实际上包含山川和风云雷雨两个方面的内容，简称山川坛，按阴阳五行理论，风云雷雨山川之神，属阳性，所以坛的位置在城南郊，俗称南坛；社稷是五土五谷之神，属地神，是阴性，所以设在城的西北郊，俗称西坛，厉坛祭祀无祀所的游神杂鬼，设于北郊，俗称北坛。农村中各乡还设有里社坛，但到明代后期，里社坛已很少。

宋代起城隍庙开始普及于府、州、县，明朝还列入祀典，并规定其建筑和室内陈设都仿照府、县同级衙署的规格。明初，凡功臣死后无嗣则被封为某府或某县的城隍之神，以享祭祀。八蜡庙（坛）每年十二月农事结束，在此祭祀八种与农业有关的神：①先啬。即神农。②司啬。即后稷。③农神，或谓古之田畯，曾有功于民。④邮表畷。即田间庐舍道路分界之神。⑤猫虎之神。专食野鼠害兽。⑥坊之神。即堤防之神。⑦水庸。即沟洫之神。⑧昆虫之神。祝其勿为农害。

每个府州县城中都有不少先圣与先贤祠堂，各地根据当地的文化传统和历史人物而设立。

商市与居民区

每个城市布局各不相同，但通常，府、县衙前直街和左右街易形成丁字形繁华地带；府、州、县城的东、西、南、北四关常是最热闹的地区；水陆交通口和码头周围也易成为商市；重要庙宇的附近成为商市的结集点。

军事机构

宋代的府、州城均设军事机构，并有相应的军事衙署。南宋建康府城内则有安抚使司（帅府），府署为安抚司金厅。明代府、州、县城设有都司、卫、所等军事机构，则有相应的军事衙署。"都司"是都指挥使司的简称，相当于省一级的军事机构。卫设指挥使司，指挥官阶三品，品位高于知府（四品），其衙署规格相当于府治。所设千户，官阶五品，衙署有正门、仪门、正堂及吏舍等建筑，相当于县衙。在这些军事衙署之下，还设有教场、草场、军械库、粮仓、成造局（含制造军械的作坊、库房、官厅及金火元炉神庙），以及旗纛庙等设施。

城市对外交通和邮递设施

对外交通对城市发展有着巨大影响。中国从战国起已有邮驿。宋元明清时期府、州、县对外交通的官方设施是驿站和递运所。宋每十里或二十里设邮铺，大路上并设马递铺。元朝在全国设有驿站约 1400 处，拥有驿马 40000 多匹，驿船近 6000 艘，这些设施全部归兵部统辖。驿站的接待对象是来往的使者和官员。明代的各府、县驿站改由地方政府管理，接待对象仍是官员，兵部则另设一种"递运所"，专门负责运送军粮、军用物资及军囚等，从而形成两套全国性的官方交通运输网络。清废递运所，仍置驿站、铺递，但改差役为雇役。清末举办邮局后废除。

上述各驿站之间的距离大致在 3 万～4.5 万米。驿站设有大门、仪门、正堂、后堂、上房、厢房、厨库、马房和驿丞住宅等建筑，按官品高低提供不同的接待规格是官办驿馆的特色。附近设有"接官亭"，作为迎送过往官员暂憩停留的场所。

明代一些府城中地方藩王的王府与王城

明代一改唐宋时代对亲王采取监视和居住在京城的做法，恢复了分封藩王的制度，并设立了为每一位到地方之藩的亲王或郡王建造府城的规制。

由洪武（1368～1402）年间的规定，可知明代亲王王府有一个周回三里三百零九步五寸的宫城。城在东南西北方向上各有一门，南门为正门，称端礼门；北门为广智门；东门为体仁门；西门为遵义门。在中轴线上布置有三座礼仪性的主要殿阁，前殿为承运殿，中殿为圆殿，后殿为存心殿。就洪武规制中王府宫城的基址规模看，其宫城合三里三百零八步一尺。

据现代人的研究，明代西安秦王府、洛阳周王府、成都蜀王府，在砖筑内城之外，确实都环绕有土筑外城，称为"萧墙"。

清代州府城中的满城

八旗军驻防除北京及东北三省外，各地直隶驻防军还有江宁（南京）、西安、杭州、宁夏（银川）、西宁、福州、广州、荆州、成都、青州、济南、太原、潼关、京口（镇江）、德州、开封、绥远、伊犁等地，重要之处各设将军统辖之。各地八旗驻军皆在城中圈围出一座小城作为营地，称之为满城，对城内汉民居住地则称之为汉城。

各地所建的满城，在城中的位置各有不同。例如西北重镇西安的满城占据明代西安城的东北角，东北面为城墙，西为钟楼北面的北大街，南面为东大街。东西约2千米，南北1.5千米，把明秦王府包在满城中心，改为八旗教场，将军署布置在今后宰门街以南。八旗驻军营地布置在教场与左翼署之间，从北向南依次为正黄和镶黄、正红和正白、镶红和镶白、正蓝和镶蓝。满城驻军3000余，加上眷属约2万人。

此外在城的东南修筑了一座汉军驻防城（即绿营兵），四至为东大街、南大街、南城墙、东城墙。满、汉两驻军城占据了西安城一半面积。

清代满城内是八旗军民共居，不是军事营垒，是居住城。

荆州城

荆州城是中国古代城市。位于湖北省荆州市荆州区。又称江陵古城。荆州城是一处保存完整的明清时代城池。不迟于春秋晚期，楚国都城即已迁至今荆州城北的纪南城，今荆州城当时为楚纪郢临近长江的渚宫码头所在。战国末期，秦将白起攻下郢，迫使楚国迁都寿春后，秦在纪南城西南置郢城。西汉初，沿长江边建江陵城作为荆州地域的首府，称南郡或江陵。秦汉时期以来，江陵较长时间里都作为荆州政区的首府：南朝梁元帝萧绎平定侯景之乱后在荆州建都；唐时曾一度实行五都制，以荆州为南都；明清时期，江陵古城也是荆州府城和清代荆州将军的驻所。

根据历史记载，荆州在五代十国武信王高季兴时期始建砖城，宋代也曾经大规模营建砖砌城墙，元代由于至元毁城令拆除了砖城墙。明初，杨璟奉命重修荆州砖城，成为今江陵古城墙的起点。清初，江陵古城进行过大规模修缮，雍正（1723～1735）、乾隆（1736～1795）年间又进行过多次修缮。考古发掘发现，在明代城墙部分墙基处发现了宋代乃至东汉时期的夯土城墙遗迹，表明荆州城自东汉以后位置即相对固定。

明早期城墙砖在现存城墙墙砖中占比较大，是中国南方现存最完整的府城级别砖城墙。江陵城墙东西向较长，周长约11千米，砖城墙通高9米，厚约1.5米，土城垣成护坡状，底部厚10～15米。

荆州城北门古漕门

荆州城城墙

城周有护城河环绕，平均宽度约 10 米，深约 3 米。城墙原设城门 6 座：正东镇流门，建宾阳楼；东南公安门，建楚望楼；南纪门，建曲江楼；正北古漕门，建景龙楼；西北拱辰门，建朝宗楼；西为龙山门，建九阳楼；均有完整的瓮城。现存城楼为重建。江陵城墙为内部夯土砌筑，外包砖墙，外坡陡而内坡缓，这一做法比较完整地结合了城墙的防御与防洪功能。另一方面，荆州城市水系与城墙共同构成江陵城池体系。在自然河湖的基础上以人工手段改造完成的江陵城濠水系，从五代时期就已经基本成型，在南宋以后已经基本完善，此后一直在荆州城市生活中发挥重要作用。

荆州同时也是清代八旗驻防的重要地点，江陵古城东部是清代荆州将军驻防所在。荆州将军品秩在湖广总督之上，其满城驻防规模级别，在南方与江宁将军和广州将军同样重要。

荆州古城内的明清时期重要文物建筑除城墙外，古城墙内有玄妙观、开元观遗址，城西门外有太晖观遗址，均有部分古建筑遗存。其中，太晖观是明初湘献王朱柏的别院，附近有湘献王墓。明永乐后，辽王转封荆州，明代辽系藩王也在荆州城留下了大量痕迹。明代名臣张居正之墓位于城东门外天井渊。城中明清时期的关帝庙、文庙等遗址也保留较好。城南临荆江大堤有明代万寿宝塔，为万历时所建的重要明代皇家砖石建筑，也是见证长江水文变迁的重要标志。

随着长江水文变迁，荆江北岸大堤于明万历十年（1582）全线封闭，荆州城逐渐远离长江。位于荆州城东长江下游的沙市逐渐成为荆州地区最重要的沿江码头，在近代以后作为长江中游重要的开埠城市，成为江汉平原近代重要的工商业城市。

徐州城

徐州城是中国古代城市。位于江苏省西北部、华北平原东南部。旧称彭城。

徐州是汉高祖刘邦的故乡，有着丰富的两汉文化遗存，汉墓、汉俑、汉画像石并称"汉代三绝"。徐州还是自古以来兵家必争之地，抗日战争中的徐州会战和解放战争中的淮海战役就在此打响。1986年，徐州被列为第二批国家历史文化名城，

帝尧时建大彭氏国，封地为彭城。徐州城垣的建设可以上溯到春秋时期的彭城邑。西汉时期，楚元王刘交以春秋城郭为基础加筑外城。东汉前期，彭城仍为楚国国都。建安三年（198），曹操与吕布战于彭城，曹操据有彭城后，将徐州刺史治所从郯迁至彭城，从此，彭城之名便为徐州所替代。东晋安帝义熙十二年（416），大将刘裕重新修建徐州城，改土筑为砖垒。南朝陈宣帝太建十年（578），陈大将吴明彻攻城，以水灌城，城垣被毁，直到唐太宗贞观五年（631）才得以修复。北宋时期，苏轼任徐州知府，加高加固城墙，还在东门上修建黄楼。元末，元右丞相脱脱率军镇压徐州李二起义，以炮轰城，徐州城毁，后另建城于奎山脚下，并改名为武安州。明洪武（1368～1402）年间，废武安城，迁回故址重建徐州城，"仍复旧城修筑，垒石筑瓦，周九里有奇，高三丈

徐州城遗址

三尺，趾广如之，颠仅三之一"。又有"濠隍深广各二丈许，堞凡二千六百三十八。有角楼三，铺五十一"。"城周有四门，东为河清，西为通汴，南曰迎恩，北曰武宁"，全城规模宏大，坚固异常，奠定了明清徐州城的基础。

明天启四年（1624），黄河决堤，徐州城完全被淹，于是迁至城南二十里铺重建。崇祯元年（1628）水退，兵备道唐焕于原址重建，称"崇祯城"，城规模及形制与地下洪武城雷同且相重合，形成徐州"城下城，府下府，街下街，井下井"的独特现象。城东门、北门沿袭旧称，西门易名为武安门，南门改称奎光门。清嘉庆二年至五年（1797～1800），扩建徐州城，周长十四里半（7.25 千米），大大超过洪武城规模。咸丰（1851～1861）年间，为防太平军和捻军攻城，清政府于 1855～1859 年在徐州城外又筑一城，周长二十里许（约 10千米），开门 6 个，设置炮台数十座，同时在城外东北角又筑一城，即黄河北坝子街土城。光绪五年（1879）重修，将环城土城分为四个部分：北关土城、西关土城、添筑土城、南关土城，与府城隔河相望，互为犄角。这时的徐州城规模宏大，道路整齐，府衙林立，宫观恢宏。

徐州现存的古城遗址是清嘉庆（1796～1820）年间沿袭明城墙、城基重建的。城设四门，以徐州府衙和鼓楼为中心，出府衙为鼓楼大街，向南延伸为南门大街，这是全城的中轴线，东西向三条大街与轴线相垂交，在中轴线西边还有一条与之相平行的北门大街，构成全城路网格局，道旁分布着众多衙署寺宇，南门大街则是商业大街。城东南隅有快哉亭，西南角城楼为燕子楼。这一格局至今仍依稀可辨，许多街巷名称还沿用至今。户部山位于徐州古城之南，靠近城池，地势较高，官宦和富贾迁居于此，使得户部山在天启四年后的 300 余年中一直是徐州城的经济和文化重心。

徐州民间流传有"进了徐州城，名胜说不完，五楼二观八大寺，七十二庵布其中"的歌谣，其中，五楼即彭祖楼、霸王楼、燕子楼、奎楼和黄楼。根据《徐州历史文化名城保护规划》（2020—2035），徐州历史城区保护的面积为 3.01 平方千米，重点保护户部山和状元府两个历史文化街区及文庙、回龙窝、快哉亭、大同街 – 老东门 4 个一般历史地段；面积共约 29.21 公顷；保护状元街、崔家巷和户南街等 16 个历史街巷；保护西门城墙遗址、明东城墙遗址、古城南面遗址，以及城墙景观环带。

桂林城

桂林城是中国古代城市。位于广西壮族自治区北部。

桂林在中原进入岭南的交通要道之一的"湘桂走廊"中部，北接湖南省南部，素有"粤头楚尾"之称。桂林宋代称静江府城，元代属静江路，明清时为桂林府，由宋至清一直为广西第一都会城市。桂林以山水甲天下著称于世，桂林城遵循自然地貌，依山傍水而筑造，成为传统南方山水城市的代表。

桂林城选址于独秀峰山前的漓江凸岸，可避免城基被江水日夜冲刷掏空，不受洪水对城墙造成直接冲击。唐武德四年（621）桂州总管李靖修筑的桂州城，根据记载在唐代先后至少经历三次修筑，城墙由宝积山西麓沿今中山路南达榕杉湖北岸，东由漓江西岸沿河往北经伏波山至叠彩山南麓，面积约 1 平方千米。

宋代桂林城池先后至少经历过五次修筑。北宋至和元年（1054），经略使余靖率军民由子城东南和东北将唐的外城和夹城扩宽加固，历时三年半，以"木甓瓦石之材"替代原来土筑的唐城，使城墙更加坚固耐久。南宋宝祐六年（1258）至咸淳八年（1272），静江府城池先后由制置使李曾伯和经略使朱禩孙、赵与霖、胡颖相继主持修筑，竣工后刻《静江府城池图》于鹦鹉山南麓。城池范围东临漓江，南达榕杉湖，西至今翊武路，北延伸至观音阁，面积约 2.21 平方千米，比旧城扩大一倍。《静江府城池图》是中国仅存的两幅南宋大型城市地图之一（另一为苏州《平江图》），也是桂林保存最早的城市地图。地图图线阴刻，高 3.35 米、宽 2.97 米，上方有文字说明，图上刻有山川、城池、兵营、桥梁、渡口、官署、名胜和街道等内容，采用不同的比例描绘城区各个部分，包含制图符号 35 种，地理名称 110 多个，是研究桂林乃至中国古代城市的珍贵实物资料。

元至正十六年（1356）至二十年（1360），也儿吉尼率领军民五千人加固城池，"凡城内外，自顶至踵，皆甃以大石"。加固工程历时近四年，修建城门十四座，各门均建有楼阁，东为就日门、癸水门、行春门和东江门，南为安远门、通明门和小南门，西为丽泽门、西城门和宝贤门，北为迎恩门、拱辰门、镇岭门和安定门。

明代的桂林在城市的空间形态上有了很大的变化，主要在于明初靖江王府的修造及外城的南扩。洪武三年（1370），明太祖朱元璋册封从孙朱守谦为靖江王，藩国桂林。洪武五年（1372），在元代万寿殿基址上修建靖江王府，"宫殿、庙社莫不如制，其余近侍之官、宿卫之士、合属之司咸有廨宇"。洪武二十六年（1393）正月，明太祖命修治靖江王府，指挥同知徐溥、工部主事戈祐韩、毛知理督工修建王城，兴建宫殿屋舍。王城四门楼、承运门、承运殿、王宫、宗庙、社坛、斋宫等建筑俱全。靖江王府以独秀峰为主山，背靠叠彩山，面对象鼻山，形成中轴线，王府殿宇、城墙、街道均沿轴线展开。城市依然保留了宋元以来"南北一条街，东西一座桥"的城市交通，同时经过明初的城市建设，形成"内城方正严整，外城依山傍水"的重城结构，至此古代桂林山水城池的骨架基本定型，清代基本沿用而改动较少，古城格局保留至今。

寿州城

寿州城是中国古代城市。位于安徽省淮南市八公山南，淮河、淝河之滨。旧称郢、寿春、寿州。寿州城今为寿县县城。春秋时为蔡国重邑，战国后期为楚国都城，是当时的政治、经济和文化中心。寿阳是淝水之战古战场，是一座兼具军事防御与防洪双重功能的城池。建城 2000 余年后，其防洪功能仍发挥着重要作用。1986 年，寿县被列为国家历史文化名城。2001 年，寿县古城墙被列为全国重点文物保护单位。

◆ 建制沿革

寿州城址的变迁较为频繁。春秋时期寿州为州来国（今凤台）地，战国时为楚国春申君封邑寿春邑。楚考烈王二十二年（公元前241）成为楚国国都，名"郢"。秦代为九江郡治。汉高祖十二年（公元前195），汉灭英布，封刘长为淮南王，并将都城自六安迁至寿春。西汉元狩元年（公元前122）复九江郡，东汉末年改称淮南郡，东晋时改称寿阳。东晋城址移至今寿阳境，即寿阳城。古城原有三重，最里为金城，又名子城（在今紫金街）；中为州城，又称南城，为东晋末年相国刘裕所筑，故又名"相城"；最外为郭城，范围很大，"其外廓包至今东陡涧，并淝水而北，至东渡津，又并淝水而西，至大香河入淝处。城中有金城及相国城。其城门有芍陂渎门、石桥门、前逻门、象门、沙门，其地绵延曲折三十余里"（《寿州志》）。魏晋南北朝时期，寿春成为南北争夺的重要军事重镇。隋代改称寿州。宋代置淮南路寿春府。元代置河南行省安丰路，均治寿州。明洪武四年（1371），将寿春、下蔡、长丰三县并入寿州，并降寿州为散州，属临濠府（治凤阳，后改称凤阳府）。

◆ 城池营建与防洪设计

寿州城城墙保存完好，是中国唯一保存完整的宋代古城。现存古城墙大致相当于古州城范围，为南宋时所建。城北依八公山而环东淝河，西濒寿西湖，东、南则掘地为濠。城墙始建于宋熙宁（1068～1077）年间，宋嘉定十二年（1219），建康都统许俊为抵御金兵重筑城墙。明万历元年（1573），知州杨涧于东北角、西南角低洼处创建"崇墉障流""金汤巩固"两座水涵（水关）月坝，使城内原有涵道与城外相通，涵口之上再筑月坝，与城墙平齐，既利于城内积水排出，又能在洪水季节堵阻外水倒灌入城。洪水泛滥时，关闭城门即可阻水入城，且城墙脚与护城河之间筑有 4 米高、9 米宽的石堤泊岸，四处瓮城的内外两门错位，可减轻洪水对城门的直接冲击，城墙防洪功能大为增强。城墙略呈长方形，迎水面呈流线型，石基砖壁，灰浆砌筑，外壁直立砖砌，内壁夯土筑坡并植草护坡，坡度约为 1 ∶ 3。城墙周长 7147 米，高 3.6 ～ 5.7 米，顶宽 4 ～ 13 米，建有女墙。东西城墙边筑有排水涵洞。有 4 座城门：北门靖淮门，东门宾阳门，南门通泚门，西门定湖门。门洞洞均为砖砌拱门，并建有瓮城和城楼。城楼 8 所，翼然而立，清代散文家孙家鼐称其"城堞坚厚，楼橹峥嵘，恃水为险"。

城内街道呈十字形布局，有通往城门的东、西、南、北 4 条主街，60 多条巷子，因对外主要联系为东南方向，因此东、西门及东西大街偏南。街道宽约 45 米，条石或碎石路面。城区排水由城中心向北，分东、西两个排水系统，于城东北角、西北角两处穿城墙经出水涵道排入护城河和东泚河，科学合理。洪水期间，城外洪流泛滥，城内仍能安然无恙。

建于明洪武（1368 ～ 1402）年间的州衙位于城东北，康熙（1662 ～ 1722）年间在州衙南建熙春台，可俯瞰全城，为官员游赏之所。州衙后为建于明代的循理书院，孔庙位于城内西大街中段。城内现存诸多古建筑遗存，如报恩寺、奎文阁、清真寺、基督堂等，文化繁荣。

肇庆城

肇庆城是中国古代城市。位于广东省中西部，西江干流中下游。

历史上，肇庆古城是西江流域的政治中心和军事重镇，是中原文化与岭南文化、西方文化与中国传统文化的交汇处。梅庵、德庆学宫、肇庆古城墙、七星岩摩崖石刻、德庆悦城龙母祖庙是国家级重点文物保护单位，七星岩风景区和鼎湖山风景区是国家级旅游景区。1994年，肇庆被列为中国第三批国家级历史文化名城。

◆ 建制沿革

秦朝前，今肇庆境域属百越地。秦平定百越，开凿灵渠，接通湖南的湘水和广西的漓水，西江沿岸的肇庆因而成为南北交通的重要枢纽和军事重镇，"绾两粤咽喉，形势屹然，居高而扼要"。汉元鼎六年（公元前111），肇庆始为高要县治。南北朝时期，肇庆为高要郡治。隋朝置端州，肇庆端州之名自此始。宋朝，升端州知军州事为兴庆军节度使。宋重和元年（1118），兴庆府改为肇庆府，肇庆之名由此而沿用至今。北宋后期，宋城正式建成于今古城位置。南宋时期，古城渐臻完善。明代两广总督府曾驻肇庆，军事建置与名人祠宇增多，肇庆古城墙及古城内外排水系统得到整治，古城周边的七星岩与鼎湖山风景区得到进一步的建设，东西郊创设了圩市，西江两岸建成了四座塔。明至清中叶，肇庆不仅是地区的政治、经济、文化中心，而且是两广军事与外交重镇，城市的规划建设达到鼎盛。近代，肇庆通过广州进一步加强对外经济联系，城市工商业曾一度兴盛，街道、

肇庆古城墙

市场、戏院、公园、图书馆、骑楼、城市住宅竹筒屋等建设出现繁荣局面。1938 年，城区及七星岩多处建筑物被日机轰炸，至中华人民共和国成立前，城市建设趋于停滞。

◆ **城市格局**

肇庆城南临西江，北侧有七星岩、北岭山，东西侧为大顶峡和羚羊峡。西江的战略地位与星湖的独特性是肇庆建城与发展的两大核心因素，肇庆城利用周边山川之势，形成了"山、湖、城、江"的独特格局。肇庆府城始建于宋皇祐四年（1052），始筑土城，城区形状为长方形，"仅容廨宇"。政和三年（1113），拓为砖城，经历代修缮后，古城墙保留至今。根据历史地图记载，肇庆自开始建城至清道光以前的时期主要于古城墙内部发展。到清道光时期，城市建设开始突破城墙的限制，向东西两侧延展，主要体现为向东发展，这一发展格局一直延续到中华民国时期。这一时期，正西路、城中路和正东路成为城市东西向发展的主轴线，形成了东西向沿江带状发展的格局。肇庆古城墙所围合区域是肇庆历史文化价值和历史风貌核心所在。城中路从北宋开始初具雏形，为肇庆古城内最早形成的一条交通性道路，到清嘉庆（1796 ～ 1820）年间逐渐拓展。历代的政府衙门均沿城中路设置，如宋朝的包公府衙和明清时期的两广总督署、肇庆府、高要县衙。此后，城中路一带又凝聚了肇庆市近代骑楼建筑风格及古城街巷的原有格局。府前路半圆形形态和城南路与城中路构成的"丁"字格局为清朝的历史遗存，是古城传统中轴线的核心区域，城中路、十字街、城南路与四个城门形成双"丁"字的古城格局。古城外，明代建设的崇禧塔、文明塔、元魁塔、巽峰塔，与西江的小三峡，构成肇庆"一江、两岸、三峡、四塔"的临江自然与人文景观格局。

肇庆古城墙是岭南地区唯一保存相对完整的古城墙，保留了宋至中华民国各个时代的墙砖，具有较高的历史与学术价值。肇庆城的选址、建城体现了军事防御的特点和鲜明的防洪特色，古城至今保留了景福围旧堤及多处防洪水闸，古城墙是城市防洪系统的重要组成部分，有着出色的避水灾功能。

济南城

济南城是中国古代城市。位于山东省中西部，北临黄河，南依泰山。又称泉城。

济南是山东省省会。济南以城内外周环泉水而闻名，又称"泉城"。城内泉水向北汇集为大明湖，形成"四面荷花三面柳，一城山色半城湖"（大明湖铁公祠楹联，刘凤诰作）的古代城市风貌格局，至今保存完好。近代济南自开埠以来，在明清济南城以东建成了济南商埠区。济南城历史文化遗产众多，文化底蕴深厚，1986 年，被列入第二批国家历史文化名城。

济南趵突泉

济南城可以考证的建城历史有 2000 多年，是中华文明早期建成的城市之一。战国时因历山得名"历城"，作为县（城）

名沿用至今。"济南"最早得名于汉高祖六年（公元前 201）至高后元年（公元前 187）之间，因地处古济水南岸得名，治东平陵，下辖历城在内的 14 县。晋怀帝永嘉（307～313）年间，济南郡治由东平陵移至历城。

济南大明湖

北魏皇兴二年（468），更名为齐州。宋徽宗政和六年（1116）齐州升格为济南府。元至元二十三年（1286）设立山东东西道宣慰司与山东东西道肃政廉访司。明洪武九年（1376）改山东行中书省为山东承宣布政使司，治济南府，历城为附郭县。中华民国时期，济南府改为济南市，为山东省省会。总体上，济南的城市地位在历史上不断得到加强，由战国时齐国的边陲军镇逐渐发展成为一座重要的省会城市。

济南城自宋代以来，一直是北方重要的海盐转运城市，有过"行到市桥人语密，马头依约对朝霞"（曾巩《早起赴行香》）的商业繁盛的景象。北宋时，石介、曾巩、范纯仁、苏辙等儒学、文学大家先后在此做官，留下了丰富的文学遗产和城市建设遗产。曾巩主持修筑的西湖（今大明湖）、百花堤、北水门等城市基础设施，一直沿用至今。

趵突泉古称"泺"，位于明清济南城西南角城墙外，为古泺水源头。趵突泉是济南"七十二名泉"之首，济南城泉水景观的代表。趵突泉的文献记载较济南城更加久远。据《春秋》记载：鲁桓公十八年（公元前694），"公（鲁桓公）及齐侯（齐襄公）会于泺"。宋代曾巩《齐州二堂记》中记载："……而有泉涌出，高或至数尺，其旁之人，名之曰趵突之泉。""趵突泉"因此文得名。趵突泉有三股泉水，呈一字排开，泉水声势浩大，蔚为壮观，泉旁有乾隆皇帝题字"第一泉"。中华民国时期，趵突泉及周边地段被改造成市政公园。中华人民共和国成立后建设为国家 AAAAA 级旅游景区。

大明湖古称"西湖"，是宋代城市"西湖"风景范式现象的典型代表。唐代称"莲子湖"，湖在城外。北宋时期，曾巩修整北水门，营造城内水面，时称"西湖"，是当时重点建设的风景名胜。金、元时北水门等基础设施被破坏，湖底淤积，湖面扩大，始易名为"大明湖"。明、清时期，湖边界逐渐稳定，景观建设多为私家园林。中华人民共和国成立后，大明湖被整体改造成城市公园，成为国家 AAAA 级旅游景区，景区内集中了历下亭、月下亭、铁公祠、小沧浪、北极阁、汇波楼、南丰祠、遐园、稼轩祠等名胜建筑。大明湖同时还是济南城重要的防洪设施，满槽蓄水容量达 221 万立方米，单位蓄水能力是明清北京城的 2.4 倍，防洪能力杰出，是中国古代实践"海绵城市"的典范之作。

济南城的选址"依山、傍水、抱泉"，地理位置极佳，多次避免了黄河水患及城市干旱，是山东半岛唯一一座 2000 多年城建史上从未发生过移置、断置，一直延续至今的城市。同时，济南作为古济水流域最发达、最古老的城市，也是济水文化、齐文化的核心城市。

成都城

成都城是中国国家历史文化名城。位于四川盆地西部成都平原。简称蓉，别称蓉城、锦城。

◆ **建制沿革**

发掘于成都市区的金沙遗址承续古蜀三星堆文化表明，成都的城市文明可上溯至商周之交。据晋《华阳国志·蜀志》记载，约公元前310年，秦将张仪、张若筑成都城，并列建大城和少城，这是现存最早的成都筑城记录。唐乾符四年（877），西川节度使高骈增筑罗城、改造河道，成都遂成两江（府河与锦江）抱重城之势。这两次筑城是成都筑城史上的两座里程碑。根据考古发现，由宋至清的大城城墙与唐罗城多有叠压，说明唐末以来古城基址几乎未变。

唐末建造罗城时，形成新的重城格局，即罗城、子城（秦大城）、少城（秦少城）、牙城（节度使署）。由宋至清之间虽因战争造成两次毁城，但城市重建延续了罗城格局。据筑城史料，在宋元之际的兵祸中，成都城被焚毁，元代没有重建城墙的记载，城市大约沿袭宋城形势；明洪武（1368～1402）初期重建成都城，大城依宋大城基础新筑，外包砖石，建五座城门、城楼，后余四门，门外筑月城，又在大城中建蜀王府城，环以萧蔷；明清之交，成都城再被焚毁，康熙（1662～1722）初年重建。清大城沿袭经由宋元明而来的大城范围，设东、西、南、北四门。康熙四年，在明蜀王府城旧址建贡院，因循蜀王府中轴线。因蜀王府城被称为"皇城"，此地皇城之名沿用至今。又在大城西面的秦少城位置建满城，驻扎八旗兵营。

◆ **城市格局**

秦李冰筑都江堰时，从内江引郫江、流江从成都城南流过。唐末高骈筑罗城时，在城西北修糜枣堰，将原郫江改向东流再南流，形成两江抱重城的格局，成都古城的范围基本由此固定。宋代城内河道时常拥塞，频繁的河道疏浚形成以"二渠四脉"为主干、层级丰富的水网，不仅解决了导流排水问题，还使宋代成都城具有家家临街通商、户户夹岸垂柳的繁华水乡风貌。明清时期，河道上还增添了许多桥梁。

由宋至清，成都是州府级地方城市，但与大多数州府级古城具有简单明了的十字街空间格局不同的是，成都兼具复杂的重城格局，这是多次在地方城市与都城的角色中转换的结果，归根结底是其天府之国的地理优势使之拥有全国性战略地位所决定。成都从建城开始，不论朝代更迭一直是区域中心。作为三国蜀汉、五代蜀国都城时，成都被改造形成皇城、宫城的重城格局；作为地方州府城时，通向南、北、东、西门的十字格局被凸显，但因为兼具相当于省会的更高级别管辖功能，且有时还有藩王府，使得子城中心区特殊地位始终传承。据史料推断及考古发掘显示，隋蜀王府、唐节度使衙署、五代蜀皇宫、宋成都府衙署、明蜀王府的区域前后相沿，都在子城的中心区。

成都城有两套街巷轴网，即北偏东的罗城（大城）轴网和正南北的子城轴网，这是蜀地文化与中原统治文化折中融合的表现，也是商业居住与政治礼仪空间的区别。明代重建成都时，蜀王府及其南面甬道区域的建设加强了南北轴线的政治礼仪象征意义。清代则取消此地的政治功能，改为贡院。罗城以北偏东走向的棋盘格街巷为主，西部少城的位置在清代建满城时以鱼骨形街道替换。

明、清时期是成都城两次毁城之后的重建期。与唐宋时期成都据天府之利，由寓居的士绅文人造就精致的城市文化不同，明、清成都由相对贫穷的各地移民重建，城市文化面貌走向了多样化和民俗化。明初统治者曾重建礼制，蜀王朱椿立蜀王府家规，在成都率先垂范，引导成都成为一座礼仪之城。明末战乱毁城之后，直到康乾盛世才又提振经济，此时城内大量史迹名胜如武侯祠、文殊院、大慈寺等逐渐得到复建，宋时所谓"蜀人好游乐"的风气也借着新兴的堂会、庙会、茶馆得到重现。

重庆城

重庆城是中国直辖市重庆市政府所在地。位于四川盆地东南部的华蓥山南麓，嘉陵江与长江汇合处。简称渝。

重庆城"左挟右带，控驭便捷"，素有"得重庆者得川东，失重庆者失四川"的说法。

据考证，周初巴子国国都江州城所筑土城即在嘉陵江与长江围合的渝中半岛上，在今太平门至千厮门之间。公元前316年，秦灭巴国设巴郡，秦将张仪筑江州城，设郡治，"仪城江州"是重庆最早的筑城记载。西汉时期，重庆城第一次有了商业发展，江州所在南府城与江北的北府城"一衣带水"，南岸还有街市村庄，形如武汉三镇（武昌、汉口、汉阳）。三国蜀汉时期，江州仍为巴郡治所，都护李严屯军于此，筑大城。城周十六里（8千米），城上开苍龙、白虎两门。大城南线约为今朝天门至南纪门沿江一线，北线约为渝中半岛的山脊大梁子，范围相当于后来的"下半城"。下半城由于开发较早，面朝长江，近西蜀货运便利，一直是重庆城的繁华之地。隋、唐、宋时期称渝州。北宋徽宗崇宁元年

（1102）改渝州为恭州。南宋孝宗淳熙十六年（1189），升"潜藩"恭州为府，定名"重庆"，为重庆得名之始。

重庆城地处南宋末年蒙元军队对四川南部的进攻路线上。嘉熙三年（1239），为抵御蒙古军对重庆城的围攻，知府彭大雅大兴城筑，立四大石于熏风门、千厮门、洪崖门、镇西门四门之上，表明筑此城"为西蜀根本"。淳祐二年（1242），余玠任四川安抚制置使兼任重庆府知府，立制置使司于重庆，在重点加强重庆城建设的同时，整修、扩建、新建了约20座山城，由此创建了山城防御体系。之后，制置使朱禩孙修建了连接合州钓鱼城与重庆府城的重庆多功城，增加了重庆的防御层级。因此，重庆城的城防既有三面环江、"石城削天"之险，又有城外四郊林立、层层拱卫重庆的关隘，称得上"四塞之固"。

元代置重庆路。元至正二十二年（1362），红巾军将领明玉珍在重庆称帝，国号"大夏"，以重庆为国都，改建重庆府署为皇宫，长安寺为六卿署。明洪武四年（1371），大夏亡，重庆城复为重庆府。重庆城中山脊大梁子以北的上半城，面积三倍于下半城，从明代开始逐渐发展起来。明洪武初年，指挥使戴鼎因旧址砌石城，以两江为濠，环岛筑城防，使重庆城范围覆盖了渝中半岛，城墙最高处达十丈（约33.3米）。此次筑城对城内空间进行了整体规划，运用了"九宫八卦"之象，建十七门，九开八闭，具有神机妙化、难以攻克之寓意；此外也有"象龟"之说，寓意长久稳固。重庆府治、重庆卫、巴县衙署等军政机构在下半城，府学、养济院、演武场在上半城。明代重庆城格局在清代得到延续。

重庆地区在宋代以前，因为自然条件较差，经济发展落后于川西平原和川北嘉陵江中游地区，社会发展相对落后，文化上"不学少儒"。隋唐至北宋，重庆还曾是朝廷贬谪流放罪犯之地。随着生产力逐步发展，城市工商业渐渐繁荣。明清时期，尤其是清中前期，是重庆城市形成的重要阶段。在明代，重庆地区已经成为四川粮食产区之一，重庆人口增加，城内有 8 坊，城外有 2 厢，在全国工商业发达的三十几个城市中，重庆已经榜上有名。明末清初，战乱重创四川经济。到了清中期，经过休养生息的重庆作为长江东西贸易主干道的起点和长江上游商品集散中心，转口长距离贩运贸易的发展促进了重庆城市商业的兴旺，优越的地理位置和发达的贸易也吸引了大量商业性移民。到鸦片战争以前，重庆已是一个人口较多且向非农业人口为主要方向发展的聚居点，是长江上游最大的、以转口贸易为主的商业性城市。同时，城市的文化教育职能日益显露。到 19 世纪末，重庆城中先后建有 19 所书院和多所私塾，教授儒学、服务科考，成为四川东部的文化中心。1891 年，重庆正式开埠，融入世界市场的重庆从此迈入近代化发展道路。

乐山城

乐山城是中国古代城市，宗教圣地，山水城市。位于四川省中部、四川盆地西南部。

1994 年，乐山被列入第三批中国历史文化名城，重点保护历史城区 1.243 平方千米。佛教在乐山地区影响深远，乐山大佛所在的凌云寺为著名的弥勒佛道场。峨眉山是普贤菩萨的道场，是中国佛教四大名山之一。

乐山大佛

关于乐山城的文字记录可上溯至公元前 700 年左右的开明故治。大约春秋初期，开明王鳖灵率部族从湖北西部沿长江西北上入四川，定居今乐山三江交汇之地，建立部落聚居中心。战国时期秦灭蜀，置蜀郡，乐山属蜀郡辖区。秦武王二年（公元前 309），建南安县。汉代划巴、蜀二郡部分土地置犍为郡，乐山又属犍为郡辖区。南北朝时期，由于战乱，郡邑荒废。周武帝保定元年（561），在南安县地置平羌县，取境内平羌山为名。隋开皇三年（583），改平羌县为峨眉县，治嘉州城。开皇九年（589）改峨眉县为青衣县，取青衣水为名，治嘉州城。开皇十三年(593)改青衣县为龙游县。宋徽宗宣和元年（1119），改龙游县为嘉祥县。南宋高宗绍兴元年（1131），又改嘉祥县为龙游县。南宋宁宗时，嘉州按例升为府，更名为嘉定府。宋元时期，乐山城市地位先升州为府，再升府为路，成为四川地区仅次于成都、重庆的第三大中心城市。明洪武八年（1375），撤销龙游县入嘉定州为州治。清雍正十二年（1734），又设嘉定府，置乐山县。1912 年裁县入府。1913 年 1 月恢复道制，裁嘉定府，2 月置乐山县。1949 年 12 月 16 日，设立乐山市（县级）。1978 年，乐山县与五通桥区合并改为乐山市（县级），仍隶属于乐山地区。1985 年撤销乐山地区和县级乐山市，设立乐山地级市，原乐山市改为市中区。

乐山城西北靠山，地势较高，东南近水，地势平坦。城市格局因地制宜，东南部街巷格局以棋盘式为主，街巷走向多与河岸平行或垂直；西北地势起伏明显，道路格局则随着地形变化。城区因山水形成不规则的形态。乐山城防体系依托自然地形，靠山一侧城门少，设炮台，临水一侧城门多，利发展。东南城堤合一，对外借水陆高差进行守备，对内地势平缓，便于居民出城利用江岸码头。西北利用了局部的地形起伏特点，实现良好的防守效果。同时，结合岷江东岸三龟九顶对峙，加强防御能力。乐山城西北地势较高，历史上行政、文化、教育等重要公共建筑群均设置于此。清晚期，乐山加筑了外城，形成"双城"格局。外城商业功能集中，包括传统手工业、仓储、运输等内容。内城道路密度相对较低，路网呈不规则放射状，高北门和瞻峨门是从陆路联系城外的主要通道，城市中部道路相对规整。外城道路网密度很高，呈现明显的鱼骨状特点，主要道路平行于岷江设置，连贯南北，大量东西向街巷通向江边城门。

乐山城的建设是乐山人顺应自然环境求发展的体现。乐山先民一方面运用智慧积极治水，发挥河流有利的一面；另一方面顺应自然规律，尽可能对水进行导流，城市建设充分利用地形条件，实用为先。

赣州城

赣州城是中国国家历史文化名城。位于江西省南部，赣江上游。自北宋起，赣州一直是江西省第二大城市。赣州城是其州城，因保留有一段宋代城墙，也被称为"宋城"。赣州城控扼的赣南地区山高谷深，地形险要，是古代中原地区通往岭南、闽越的战略要地，辖境内的大庾岭路（梅关古道）是岭南、岭北移民及盐粮、百货出入的要道。1994 年，赣州被列为第三批国家历史文化名城。

◆ 建制沿革

赣州城起源于秦代南平百越时的驻军地"南埜"，汉代立为赣县，东晋为南康郡治，隋为虔州。唐开元四年（716），张九龄奉诏开凿大庾岭路，成为岭南、岭北交通的主线，促使岭南、岭北经济重心加速东移。元和六年（811），虔州升为上州，经济和政治地位迅速提升。

宋代国家财政依赖于商税，对珍稀海货实行"禁榷""纲运"的垄断买卖。北宋大中祥符九年（1016），宋真宗诏令广南纲运在虔州中转，沿赣江北上汴梁。据《宋会要辑稿》记载，北宋熙宁十年（1077），虔州城市商税在全国排名第 18，在淮河以南的城市中排名第 7，高于江南西路首府洪州。南宋绍兴二十三年（1153），虔州改名赣州。宋代的赣州城市发展达到鼎盛，成为衔接岭南的交通商贸中转枢纽。明清两朝重农抑商，长期实行海禁，赣州城逐渐失去交通商贸重镇的经济优势。

◆ 城市格局

赣州古城历经三代城墙，两次扩城。自唐末卢光稠扩城以后，赣州城形态基本保持稳定。城池为据守两江交汇处的多边形，略呈三角状，面积 3.05 平方千米。今赣州古城仍保留了宋代城市的基本格局，被称为"宋城博物馆"，其中的宋代城墙是现存宋代城墙中保存最为完好的。城墙高度一般为 5～7 米，厚 6～8 米；原周长约 6.9 千米，现存 3.66 千米；原有马面 3 处，警铺 63 个，现存马面 1 处，警铺 10 个；原有 13 门，现存 4 门；炮城 3 个，现存 1 个。城墙上有数万块铭文砖，计 521 种，其中明确为宋代的142种。北城的八境台是唯一复建的城楼，附有防御太平军攻打时修建的半圆形炮城。古城内街巷基本保持明清格局，俗称"三十六街七十二巷"，其中六街（阳街、阴街、横街、长街、斜街、剑街）为主要街道，阳街、横街的存在可追溯至东晋时期。

赣州城区

赣州城控扼章、贡两江的交汇处，军事形势险要，但洪灾威胁严重。中华民国以前有记录的长江流域大洪水，赣州城有 25 次，次数居长江流域之首。因此，唐卢光稠扩城时就把城墙设计为多边尖弧形，顺应地势，以减少洪水对城墙的冲击。这一城池特征结合城内中高四周低的"龟背"形地势，被古人理解为"龟城"。赣州民间传说，赣州为"上水龟"形态，为唐末旅居赣州的风水大师杨筠松设计：龟头在南门，龟尾在章贡两江合流处，东门、西门为龟的两足。古地图中对赣州城形态的描绘反映了古人对这一形态的主观认知，表达了仿生象物的营建意匠。

◆ **城市景观**

赣州城在宋代为江南名城，经济文化繁荣，自然山水秀美，人文景观壮丽，为后世留下了宝贵的历史文化遗产。宋代"虔州八境"是中国城市景观集称文化的最早案例之一，"八境"分别是：石楼、章贡台、白鹊楼、皂盖楼、郁孤台、马祖岩、尘外亭和崆峒山。其中，郁孤台位于古赣州城的制高点，屡经兴废，1983 年在原址重建，辛弃疾曾在此留下"郁孤台下清江水，中间多少行人泪"（《菩萨蛮·书江西造口壁》）的名句。此外，苏轼还曾写下《虔州八境图八首》。除郁孤台之外，赣州城还有宋城墙、通天岩石窟、马祖岩、七里窑、慈云寺塔、文庙、拜将台等宋代至清代的名胜和苏轼、周敦颐等历史名人留下的夜话亭、爱莲书院等人文古迹。

福寿沟出水口

赣州城历代饱受洪涝侵袭，所以修建了一套罕见的古代地下排水管网系统——福寿沟。根据清同治（1861 ～ 1875）年间的《福寿二沟图》测算，当时的福寿沟总长不少于 12.6 千米。现存福寿沟多经重修，大多宽 0.6 ～ 1 米，高 1 ～ 1.4 米，砖石底和壁，砖拱券顶。福寿沟存在的年代早于北宋，历代修浚，随城市建设扩展，将城内坑塘水系连为蓄洪排涝的整体，设随水流启闭的水窗通至城外水体。城外洪水侵袭，河流水位高时，水窗受压关闭；城外水退，则水窗受压开启，城内积水溢排至城外。原有水窗 12 处，现存 6 处。现存的福寿沟仍在发挥作用，赣州古城内罕有大涝。

武昌城

武昌城是中国古代城市。位于湖北省武汉市。武昌位于长江南岸，与汉阳、汉口隔江相望。从三国时期的夏口城、唐宋时期的鄂州城到元明清时期的武昌城，武昌历为县、州、府和省治所在地，已有近 2000 年的历史。

武昌城城墙

武昌城的选址充分体现了《管子》地利学说的影响。从地理区位来看，武昌城址位于国家版图的腹心之处、江汉众流之汇，地处长江中游，上可溯巴蜀，下可达吴越，地理位置显要，因而成为历代军事战略要地。从交通条件来看，武昌位于江汉平原东部边缘，平原内河流纵横，主要包括长江、汉水干流以及夏水、油水、漳水、富水、涢水、环水等众多的分支河流；湖泊密布，仅武昌城址周边就有沙湖、东湖、郭郑湖、洪湖、南湖、梁子湖、汤逊湖等，均具舟楫之利，水运交通条件突出。从城市本体及周边自然环境来看，城址位于长江和黄鹄山（今蛇山）之间的开阔地带，北面沙湖，西临长江。地形特征大致中部高，南北逐渐降低，西向长江而东向湖区缓斜，以丘陵和平原相间的波状起伏地形为主。中部由两列东西走向、南北平行的残丘孤山构成，南列为蛇山、洪山、珞珈山，北列为紫金山、凤凰山、小龟山、狮子山，两列山系均是头枕长江向东延伸。另有花园山、胭脂山、梅亭山、萧山、双峰山等镶嵌在蛇山山脉的前后，共同构成武昌的"脊背"。城南则湖泊密布，水体清澈，风光明媚，城市内部河湖交错、山水相间，是中国古代人居环境建设的理想之地。

武昌的建城历史始自三国吴黄武二年（223），孙权在长江以南黄鹄山北侧构筑军事城堡，因对岸即夏水入江之口而定城名为"夏口城"。

黄鹤楼

夏口城"依山附险，周回不过三二里"，是东吴政治中心上游重要的军事重镇。唐宋时期，武昌名"鄂州城"。由于地处交通要津，"地连大别、云梦、洞庭、穆陵，控扼胜势"，以水上转运为特色的商业经济发展较快，城市的经济与政治职能大为加强。元成宗大德五年（1301），鄂州改名为武昌。明清时期，武昌城成为区域政治文化中心，湖广的三司衙门都设在武昌，被称为"湖广会城"。

明清时期的武昌城，城区范围东起双峰山、长春观，西至黄鹄矶头，南起鲇鱼套口，北至塘角下新河岸。城垣周长二十余里。城墙内的空间布局，以黄鹄山为界分为南北两部分。城南湖泊众多、空间宏大。在明代，以楚王府为中心，左右环置各郡王府及三司衙门，此外还分布有城隍庙、铁佛寺、武当宫等宗教建筑。在清代，城南多为市民居住区与兵营。因官署的衣食住行及公务需要，城南出现了商贸活动频繁的街市，其中以长街为最盛，十里青石铺路，两旁店铺云集，银楼、金号、服装、绸布、百货等行业都集中此地，成为商业兴旺的闹市。城北背倚蛇山，面向沙湖，还有胭脂、凤凰、梅亭三座山体，自然景观优美，空间相对狭小，主要分布有布政司署、武昌府署及江夏县署。此外还汇聚了府学、县学、贡院、文庙、书院等文化机构，凸显其长江中游地区政治文化中心的地位。由于风景秀美，城北也是城内贵族的聚居地。明清武昌城不仅在城墙内发展，同时还向城墙之外自发生长，沿江岸边建筑林立。因水军、舰队常驻，武昌沿长江还设有造船基地。同时，长江的运输功能使得武昌城外长江岸边及洲地成为商业交换繁盛之地，金沙洲、陈公套和塘角相继兴起，码头商业活动频繁。

"江南三大名楼"之一的黄鹤楼位于武昌城中蛇山西端的黄鹄矶头，巍峨壮观。楼半出于江上，往来客船未及城下，楼就映入眼帘，黄鹤楼因而成为武昌城的象征。唐代诗人崔颢在此留下了诗作《黄鹤楼》和"崔颢题诗李白搁笔"的典故，黄鹤楼因而楼以文闻名，城以楼闻名。同时，黄鹤楼与长江对岸汉阳的晴川阁隔江相望，互为对景，构成了"江汉朝宗"的盛景。

1911 年，辛亥革命在武昌首先爆发，武汉三镇（武昌、汉口、汉阳）在其后一系列的军事、政治事件中被日益紧密地联系在一起。民国中期，三镇合一建立了武汉市，并成为国民政府的新首都。虽然其后分分合合，但在 1949 年中华人民共和国成立后，三镇还是稳定地结成了同一个城市型政区——武汉市，武昌成为武汉市的辖区武昌区。

长沙城

长沙城是湖南省省会城市，中国国家历史文化名城。位于湖南省东北部丘陵地带，湘江和浏阳河交汇的冲积平原东南部。长沙古城四周山河环绕，屏障相连。两千余年来，长沙从楚南重镇逐渐成为历代湖南地方军政长官驻地，从封邑之城先后发展成为诸侯王城、郡城、州城、都城、省城，城址代代相沿，宫署位置基本未变。1982 年，长沙被列入首批国家历史文化名城。

唐安史之乱后，地方纷纷拥兵自重，藩镇割据。五代时期，长沙是马楚王朝的都城，这是长沙城历史上真正的王国都城时期。马殷、

长沙城城墙

马希范父子主持外拓城墙，并在城外大兴土木，修建宫殿园林。北宋开宝九年（976），潭州太守朱洞创办岳麓书院，兴学授课，形成长沙"西文东市"的格局。南宋末年，为抵抗元兵，长沙城进行了加固修缮。南宋晚期至元代，长沙城呈长方形，南北长约 2900 米，东西宽约 1400 米。

明初，长沙城经过了一次大规模整修，城墙改为砖石结构，墙基全部为大型条石垒砌，石基以上至女儿墙全部用大青砖砌筑，"城周十四里有奇"。共有 9 座城门，城西自北往南依次是通货门、朝宗门、驿步门、德润门，城北自西向东为湘春门、新开门，城东自北向南为小吴门、浏阳门，城南为正南门。北、东、南三个方向的城外有护城河环绕。

长沙天心阁

清代长沙城和明代规模基本相同，城门沿用明代，仍为 9 座，只是将德润门、驿步门、朝宗门分别改名小西门、大西门、草场门。明清时还对东南部进行了局部扩整，为防止敌方占据山

体制高点，以火器射击威胁城内，城墙依山脊而建，将天心阁—凤凰台—浏城桥一线地势较高的区域纳入城内，护城河相应外移至该线山脉的东侧山谷。修整后的长沙城墙北抵今湘春路，东沿今建湘路，南至今城南西路—西湖路，西达江滨，平面大体呈东南部微凸的长方形，南北长约2900米，东西最宽处1700余米，城墙从基脚到顶部2丈4尺（8米），有雉堞4679座，周长2639丈5尺（约合8446米）。

长沙城在历史发展上，很多时候有两三级地方政府的官署同城共处。明成化十三年（1477），时年22岁的吉王朱见浚来长沙就藩。他仿造紫禁城，对原有王府进行大规模扩建，使吉王府占据了长沙城的核心区域，正殿为承运殿，在今五一广场处。王府和山川社稷庙、亭榭池塘占长沙城面积的十之七八，成为"城中之城"。

自楚汉之际以来，长沙既是湖南地方行政中心，也长期是经济文化中心。宋代长沙城已是南方著名的米市、茶市。明代长沙府耗巨资开河通商，交通网络四通八达，长沙成为湖南地区最大的商品集散地和中国四大茶市之一。清代，大批外省客商进入长沙，贩运贸易带动金融、服务业，城内店铺激增，出现不少著名商号，商业行会组织也进一步壮大，这期间长沙的农产品和土特产转口贸易达到鼎盛，又成为中国四大米市之一。

在坡子街、五一广场东北等地，考古人员发掘出南宋大型地下木构涵渠，规模庞大，结构严密，网络状分布于长沙城地下，是国内罕见的大型供排水设施。清代还修建了以"八大御沟"为骨架的完整的城市排水系统，这八条砖石砌筑的排水主干暗沟近代改称"八大公沟"，仍发挥着城市主要排水作用。

岳阳城

岳阳城是中国古代城市。位于湖南省北部，洞庭湖和长江交汇处。

岳阳为历代州、府、县治所在地。古称东陵、巴丘、巴陵，中华民国时期更名为岳阳。

岳阳最初是作为军事据点设立，后逐渐发展成为地区政治、军事、经济中心城市。三国时期，鲁肃出于军事驻守目的修建巴丘城。晋元康元年（291）设巴陵县，使得巴丘城从单纯的军事据点转变为军事和政治据点。唐宋时期，岳州城因其便利的地理交通条件，成为长江流域商路的组成部分之一。明清时期，岳州城城南关厢地区的商业逐步发展起来，城市经济职能进一步加强。光绪二十五年（1899），清政府开辟岳阳为通商口岸。

明代之前，据北魏时期郦道元《水经注》记载，岳阳城池具有"扁担州"的形态特征，受到风水思想影响，并且呈现出以"湖、楼、塔、山"为特征的山水城市风貌。明代之后，因为洞庭湖面扩张而导致城池规模缩小。明代岳州府城周约七里（3.5千米），清乾隆五年（1740）重修城池后，城池周六里三分（3.15千

岳阳楼

米）。乾隆三十九年（1774），城池西城墙向东移，城池范围进一步缩小。城墙不断东移，使得城池形状变得更为狭长，清乾隆（1736～1796）年间城池东西相距一里余（约 500 米），南北相距二里二分（1100 米），"扁担州"的带形形态特征更为明显。此外，因为人口增长和商品经济发展，城市"溢出"城墙向城南的滨水地区呈带状生长，最终形成"城＋市"的空间形态。

明万历（1573～1620）年间，岳州府城内外街道共 18 条。清康熙（1662～1722）年间，府城街巷发展到城内外 26 条，其中城内 8 条，城外 18 条。清乾隆十一年，城内外街巷共 37 条，城内 22 条，城外 15 条。清嘉庆（1796～1820）年间，城内外街巷 48 条，城内 21 条，城外 27 条。城市逐步"溢出"城墙向城南关厢地区发展，使城南关厢地区具有沿洞庭湖岸线带状生长的发展特征。城南门外的南北向街道南十字街和天岳山街构成城南关厢地区的主要交通要道，其道路走向平行于蜿蜒曲折的洞庭湖岸线。其他街巷大多以东西向垂直湖岸线发展，形成类似鱼骨形的路网结构。在道路网密度上，南十字街和天岳山街以西临湖狭长地段内的道路最为密集，道路划分出来的地块也较为狭小，岳州商业会馆大都集中在此区域，鱼巷和油榨岭巷也都位于此地段内。

岳阳楼位于洞庭湖东岸，至今有 1700 多年历史，是岳阳的标志性历史建筑。据考证，岳阳楼至少修过 51 次，重建过 24 次。三国至南北朝时期，岳阳楼作为城门或城楼，已初具规模。唐乾元二年（759），李白流放夜郎途中到达巫山遇赦，不久到达岳阳，写下了《与夏十二登岳阳楼》，从此岳阳楼这一名字一直为后人所沿用。虽然岳阳楼兴建始于三国，但岳阳楼的形态记载始于唐代。唐代岳阳楼建筑低矮，为二层，形制简单，平面为四边形，屋顶为单檐歇山。宋代时期，岳阳楼屋顶发展为重檐歇山。明代是岳阳楼形态变化较大的时期，平面由四边形变为六边形，屋顶为重檐歇山，有丰富的脊饰，体现了明代建筑精美的特征。清康熙时期，岳阳楼平面由六边形变为四边形。清乾隆时期，岳阳楼形态又经历了一次大变革，由二层发展为三层，楼顶由歇山变为盔顶，形成雄伟面貌。

西安城

西安城是陕西省省会城市，中国国家历史文化名城。位于黄河流域中部的关中平原。西安居于中国地理版图的中央区位，南倚秦岭，北临渭北荆山黄土台塬，东起灞源山地，西至黑河以西的太白山地和青华黄土台塬。由于城市选址南靠秦岭、北依渭水，西安呈现出典型的"南山北水"倒风水格局，加之凭借关中平原西侧的六盘山东南余脉陇脉，总体形成了"四塞以为固"、进可攻退可守的地理形势，为历代封建帝王巩固其政治统治提供了军事屏障，深受历代帝王青睐，成为中国古代历朝建都最多的城市之一。1982年，西安被列入首批国家级历史文化名城。

西安史称长安，历史上是西周、秦、西汉、隋、唐等王朝的都城，虽然城址几经迁移，却始终与渭河流域紧密相依，形成了"在天之中，山河形胜"的独特人居环境特色。唐末朱温迁都洛阳以后，韩建将原长安宫城的南墙作为皇城的北城墙，并与皇城原东西城墙相连接，在长安原皇城及部分宫城旧址之上，改建了一座四面城墙高筑、与原长安城相比范围大大缩小的城池。宋代因袭设京兆府城，沿用了隋唐长安城的皇城，在布局上较为规整。元代则沿用了宋代京兆府城的形制，在其基础上进行了少量改建，形成奉元路城，其规模扩大，功能地位也大为提高。

明洪武二年（1369），明军攻克元奉元路，将奉元路城改名西安城。自此，"西安"一名便取代"长安"等名称被载入中国史册。明清时期，西安成为西北最大的军事重镇和最主要的经济文化中心城市，迎来了西安城市发展史上一个非常重要的时期。为了加强对西北地区的统治，朱元璋封次子朱樉为秦王镇守西安城，以担当起保卫陕西、控制西北的历史重任。洪武三年（1370）七月，又委派都督濮英主持，在韩建新城基础上开始大规模建造西安城，除西、南两面仍依韩建新城的位置外，在东、北两面分别向外扩展了约三分之一，面积增加了三分之一。

明代西安因城池外扩而将秦王府城置于较为中心的位置，形成了重城格局，其城市中轴线也随明代万历（1573～1620）年间钟楼的移建而大幅东移，呈现出以钟楼居中，东西、南北大街延伸的规整有序的空间布局。在水系上，依托外围的泾、渭、浐、灞、沣、涝、潏、滈8条天然水系，与环城的护城河以及龙首渠、通济渠逐步形成了系统的城市水系网络。西安府城内部由于秦王府占据东北隅较大的用地，加上承袭旧址，因此行政衙署多集中分布于西安府城的西侧鼓楼附近，形成了以西安府衙居中，省（布政司）、府级行政机构簇拥的行政中心。文教空间依城南形成以"一庙三学"和关中书院为主、以贡院和医学校为辅的主辅结合的布局体系。商贸功能则主要集中于东西大街沿线展开，通过东西大街拉接西郭城、主城和东郭城，并向南大街、北院大街两翼展开，形成以钟楼南大街商贸区为主，鼓楼回坊和东关商贸区为辅，其他若干中小商贸区为点的多层次轴带式商贸服务空间体系。居住以坊、里为基本居住单元，形成了东区、西区，以及东郭城 3 个集中的居住区域，呈现出东大西小的布局特征。经过明初拓建、明中后期维护修葺，西安城形成了"南直子午谷，西北据渭水，东临浐、灞，北枕龙首；外则雄关百二，内则沃壤万亩，近圻八水交流……抵东郭外，始见百雉巍峨，远则无睹。形势雄厚，燕京之外，殆难并驾；吴楚汴洛，皆所不逮"的城市格局。

　　清代西安沿袭明代西安城市格局，布局的最大变化是建立满城、拆除秦王府。满城的东北两面利用原来的城墙，西墙由钟楼东北面起沿北大街到北城门东侧，南墙由钟楼东面起沿东大街到东城门南侧，周长约 7 千米。满城的功能是完全军事功能形成的封闭军事区，为满族的驻防城。另在西安城的东南隅设汉军驻防地，称为南城。城市东半部成为纯粹的军事防御区，城市西半部则集中了全城的大部分居民人口和经济重心。全城面积一半以上为兵营、守衙所占。全城的四个城门中，对外交往最频繁的东门被满城独占。城市商业区开始向城市南半部发展，主要以南大街为中心，取消了集中设市的格局，市场沿街发展。

太原城

　　太原城是山西省省会城市。简称并。太原在历史上有 3 座古城，即晋阳城（春秋至五代十国）、太原府城（宋至清）和明太原县城（明清）。

太原城一般指太原府城。

太原有 2500 余年的建城史。春秋时期（公元前 497），晋国正卿赵鞅家臣董安于在今太原南部建晋阳城。隋大业十三年（617），太原留守李渊从晋阳城起兵灭隋，建立唐朝。宋建隆元年（960），北宋政权建立，当时晋阳城仍为北汉政权所占据。宋太平兴国四年（979），北宋平灭晋阳城之后，诏废太原、晋阳二县，新置紧州军事，将太原降为州治。宋太平兴国七年，在晋阳城北三十里（1.5 万千米）、汾河东岸的唐明镇附近（今太原市大关帝庙与后小河一带）修筑新城，即宋太原城，后也称太原府城。晋阳城被毁后，部分百姓先迁往榆次，后复迁当时新建的太原府城，还有部分百姓往东迁移，别置平晋县。后平晋县城被毁，明洪武八年（1375），在晋阳城遗址上新建明太原县城。宋嘉祐四年（1059），恢复太原府。宋大观元年（1107），升太原为"大都督府"。金元时期基本延续宋太原城的格局。明洪武元年，太原被列为九边重镇之一。洪武九年，太原城在原宋城的基础上进行扩建，城池规模扩大，城市格局也有所改变。清代仍置太原府。

宋太原城为土筑，由子城和大城（又称罗城）组成。子城位于大城西隅中部，周为五里一百五十七步（约 2.5 千米），四面开门。南门又名鼓角门，上置鼓角楼，内置更漏鼓角以为城市报时之用，其余三门以子西、子北、子东命名。据《永乐大典·太原府》记载，府城大城周为十一里二百七十步（约 5.5 千米），南北长、东西窄，外有护城河环绕。外城筑有四门，东为朝曦门，南为开远门，西为金肃门，北为怀德门，四门为非对称布局。穿越城门的四条主要街道均呈"丁"字相交，据传说是宋朝特意为之，寓意"钉"死龙脉。明初，太原城在宋城的基础上向东、北扩建，新筑大城外侧用砖包砌，周约二十四里（12千米），城墙高三丈五尺（约11.7米），护城壕深约三丈（10米）、宽约十丈（约33.3米）。筑有八门，城墙上建有城门楼八座、角楼四座，共大楼十二座，此外还有敌楼九十座。明朱元璋第三子朱棡驻守太原，太原城西部仍用宋太原城，东部新建晋王府。大城中心稍偏西南有钟、鼓二楼，相距约一里（500米），沿东南至西北45度斜向布置，城市功能区环绕二楼布局，以北是行政、文教区，以西是军事区，以南为市场区，以东为晋王府及其礼制轴线的辐射区域。清沿袭明太原城建制，城市规模没有大的变化。20世纪50年代左右，太原城城墙被拆除。

太原留存的历史名胜古迹主要有天龙山石窟、龙山石窟、晋祠、窦大夫祠、纯阳宫、崇善寺、永祚寺、大关帝庙、文庙等。

第 2 章

外国古城

古代两河流域城市

古代两河流域城市指约公元前 4000～前 200 年，位于西亚地区的幼发拉底河和底格里斯河流经地区所建设的居民聚集区与城市群。

两河流域指西亚地区两条重要河流幼发拉底河和底格里斯河流经的地区，囊括了现今的伊拉克、伊朗、土耳其、叙利亚和科威特的部分地区，古希腊人称它为"美索不达米亚"，意为"两条河之间的地区"。

◆ 产生与发展

古代两河流域文明主要包括苏美尔、阿卡德、巴比伦、亚述等文明，以公元前 539 年波斯的阿契美尼德王朝（公元前 550～前 330 年）灭亡新巴比伦王国为标志，古代两河流域文明融入波斯文明，继续影响世界文明的发展进程。两河流域大体上可以分为南北两部分：北部的阿卡德区和南部的苏美尔区，苏美尔区是古代两河流域文明的主要缔造者。

大约在公元前 6000 年，农业生产从依赖雨水灌溉的自然农业，发展为人工灌溉农业，人类定居生活逐步稳定。由于两河流域靠近水源，适宜居住，灌溉便利，水运发达，大约在公元前 4500 年，城市文明由古代两河流域的农民创造，最早的城市在两河流域下游冲积平原最南端出现。

苏美尔人从外部迁徙到两河流域南部干旱无雨地区，运用河水灌溉农田，并通过疏浚河道建立了人工灌溉系统，这样的水利工程推动了部落的规模逐渐庞大，且社会结构逐渐复杂，形成了城市的雏形。大约在公元前3500年，苏美尔人已在两河流域建立了诸多人口众多的富足城邦乌尔城、埃利都、拉迦什、乌鲁克、基什、尼普尔、吉尔苏、乌玛等。其中，乌鲁克是苏美尔最大的城市之一，人口最高时达5～8万人。从公元前3100年左右开始，苏美尔的每座城市都建立起自己的独立王国，这些城市为了争夺更多被两河灌溉和被开垦的土地，相互进行了长期的战争，苏美尔进入了一个"诸国争霸"的时代。

两河流域北部的阿卡德人是讲闪族语的半游牧民族，后来受到苏美尔人的影响逐渐改为农耕，大约在公元前3100～前2400年，建立了若干独立的城邦，之后阿卡德人不断与苏美尔人争夺领土。最终在公元前2270年，由阿卡德人的军事领袖萨尔贡一世征服苏美尔，统一了两河流域，促进了两个民族的融合，苏美尔人最终被融入周边的阿卡德人和其他闪族人之中。

在公元前2200～前2100年，乌尔第三王朝实现了短暂的苏美尔复兴，继而阿莫利人入侵苏美尔。公元前19世纪初，阿莫利人建立古巴比伦王国，又称古巴比伦第一王朝，持续统治到公元前16世纪。公元前18世纪初，在汉谟拉比领导下，古巴比伦一跃成为囊括整个两河流域的帝国，两河流域在巴比伦统治下得到统一。

公元前 16 世纪初，古巴比伦灭亡，两河流域下游先后被埃及帝国和亚述帝国侵占。在两河流域上游，赫梯人建设了亚述城，从公元前 10 世纪末起，亚述经过两个多世纪连续不断的征战，逐渐发展成为亚述帝国，将两河流域下游和埃及两大文明置于统治之下，并将国都定于尼尼微。

公元前 7 世纪后半叶，居住在两河流域南部的迦勒底人消灭了亚述帝国。在公元前 626 年，迦勒底人建立了迦勒底王国，其首都定位于巴比伦。为了与汉谟拉比时代的巴比伦相区别，史学界称之为"新巴比伦王朝"（公元前 626～前 538 年），这是两河下游文化最灿烂的时期，古代世界七大奇迹之一的巴比伦空中花园就是这个时代的产物。

◆ **基本特点**

①城市数量众多且规模大。在公元前 3000 年左右，两河流域城市的密度甚至超过现今的伊拉克，而且很多都是人口数万的大城市，如乌尔城、尼尼微、巴比伦等。

②神权地位崇高。不管是城市管理还是布局，神权都拥有至高无上的地位，每个城市都是以神殿为中心布局，其建筑高大宏伟，技艺高超。

③高度发达的城市文明。包括文字的发明、法律的制定、建筑的建造、基础设施的建设等，其水平非常接近工业革命之前的城市文明发展水平。

④繁荣广泛的商贸活动。古代两河流域城市都依河而建、设立港口，通过河流可直达波斯湾，具有良好的文化交流和商业贸易条件，因此从早期开始，两河流域城市就同当时的其他文明建立了贸易往来，如古印

度、古埃及等。同时，商业贸易也促进了城市手工业的发展。

◆ 城市文明与成就

苏美尔人的楔形文字是希腊文、拉丁文的始祖，苏美尔的文字虽然还不能证明是最古老的，但被认为是人类发展的一个伟大里程碑，有成百上千的苏美尔文本幸存下来，包括历史记录、文学作品、祈祷和法律文本等。

在数学方面，苏美尔人早在公元前 4000 年前就开发了一套复杂的计量学系统，推动了算术、几何和代数的创建。世界上第一部成文法——《汉谟拉比法典》、最早的七天为一周的制度和最早的历法等，也都诞生于古代两河流域的城市文明中。两河流域对世界具有最大影响力的，是诞生于此的原始宗教，两河流域信仰多种神教，其中基督教、犹太教和后来的伊斯兰教，对今天的世界各国文化产生了巨大的影响。

两河流域城邦的君主制度将国王神化，城市将崇拜神祇与崇拜国王结合起来，达到政教合一。因此，城市中最高大的建筑就是圣塔，即祭祀用的高台，是神殿建筑最重要的部分，位于在城市的中心位置。而宫殿、庙宇、商场、仓库等往往与神殿邻近，形成城市的宗教、政治、商业和其他社会活动中心。神殿建筑作为城市的文化中心，建筑排列整齐，宏伟壮丽，四周城墙围绕，内部空间严格区划。城市布局方面，古代两河流域并没有形成成熟的中轴线布局，虽然城市中一些建筑整齐排列、左右对称，但从城市的整体角度来看，仍显不规则和零乱。在神殿和住宅建设对内开放的中庭空间，以保证建筑的私密性，是古代两河流域建筑设计的又一大特点。城市一般以城墙形成围合封闭的空间，建造高大的城门，作为商业贸易的出入口，同时也象征着城市的地位。

苏美尔人的城市建筑材料主要是黏土、石头和木头，以黏土经过模具成形后来建造墙壁，以木头作为屋顶，以石头建造神殿、寺庙的浮雕装饰。如新巴比伦城墙雄伟，宫殿壮丽，充分显示了古代两河流域城市的建筑水平。

乌尔城

乌尔城是两河流域上的苏美尔人的古都。建城历史可追溯到公元前5000年。

乌尔城位于幼发拉底河下游，伊拉克首都巴格达东南约300千米处，是两河流域苏美尔城邦中最先建造的城市，也是苏美尔人的乌尔王朝都城，反映了奴隶制城邦等级制度和月神崇拜文化。

乌尔城的历史最早可追溯到公元前5000年的小规模农村公社。约公元前3000年，苏马尔人和阿卡德人在此基础上建成城市，作为农村公社的中心。公元前2100～前2000年，城市发展为乌尔王朝都城，城市面积约0.88平方千米，城内人口3.4万人，城外有村民约20万人。乌尔城的平面为卵形，南北长约3/4英里（约1207米），东西宽约0.5英里（约804.67米）。古城有两道城墙，防卫森严。内城墙将城市分为内城和外城两部分，其东南角为皇室陵墓；外城墙高8米，城墙外是耕地，北侧和西侧各有一个港口（北港和西港）与幼发拉底河相接，那波尼德宫殿位于北港东南角，其南侧为海港神庙。

内城中心是高耸的圣城，其上矗立着阶梯式山岳庙（即月神庙）、宫殿、庙宇和神堂，周边还布置了各种税收和法律等衙署、商业设施、作坊、仓库等。夯土的阶梯式的山岳庙体现了苏美尔人的月神崇拜，由层层向上收缩的 7 层土台组成，总高度约 21 米。从地面有 3 条坡道通往第一层土台，土台基底 65 米 ×45 米，高 9.75 米；第二层基底 37 米 ×23 米，高 2.50 米。宫殿为四合院形制，内含多个院落。庙宇平面一般为规整的四方形，被厚实的土坯墙包围。第四层土台上坐落着高 18.55 米的通天塔，极具苏美尔城邦文明的特征，传说是《圣经》中巴别塔的原型。神堂作为神之住所的象征坐落于顶层，供奉着月神南纳。

外城是平民和奴隶的生活区，被道路和运河划分成不同功能区，零星的居住区散落于耕地之中。陶片铺就的主路和城墙平行，支路宽仅 3 米左右，两侧排布着拥挤的商店、旅店、住宅、礼堂、锅炉房、学校、厨房、盥洗室、作坊等。密集的房屋以及狭窄的街道有效地阻挡烈日，从而形成宜居的居住条件。挖掘出的居住区共 3 处，分别位于西港与内城墙之间、紧邻外城墙东北部堡垒以及外城东南部。其中，外城东南部居住区内，院落一般由 12 个两层高的房舍组成，墙体采用土坯泥砖。房舍以中心庭院为中心，布局有休息室、接待室、厨房、盥洗室。外墙无开窗，而采用院内天井采光。房舍被木质走廊环绕，并留有一些通道以通往二层。

乌尔城内的建筑已经开始运用圆柱、拱廊、拱形圆顶等基本形式，对墙面和门窗有艺术加工，屋顶平缓，整体风格简约，形成了两河流域传统的建筑特色。由于石料、木材以及烧砖燃料的稀缺，乌尔城的建筑大都为夯土做法，或用软泥晒干成的土坯砖来砌墙，外墙面用泥或石灰泥抹平。屋顶用棕榈枝干作橡，上覆草席和泥层。

巴比伦城

巴比伦城始建于约公元前 23 世纪的西亚两河流域城市。城址位于幼发拉底河中游、伊拉克巴格达以南 85 千米处。

大约产生于公元前 23 世纪。巴比伦按照阿卡德语意为"神之门"。扼西亚商路要冲，是战略要地。公元前 1894 年，来自闪族阿莫里部落的酋长建立最早的巴比伦王朝，最初为两河流域众多版图较小的城邦国家之一。国王汉谟拉比（公元前 1792 ～前 1750）统一美索不达米亚平原两河流域，在此建立国都，并兴建"众神之神"马尔杜克神庙作为祭祀中心。此后亚述人、加喜特人和爱拉米人先后占领巴比伦并以此为都城。公元前 689 年，为镇压迦勒底人暴动，亚述国王曾将巴比伦城彻底平毁，后又重建。但此后亚述王国陷入长期内战，终为迦勒底人所灭。公元前 626 年建立迦勒底新巴比伦王国，城市得到重建。国王尼布甲尼撒二世时巴比伦达到极盛时期，城市扩大到两岸并在城中修建和修复了宏伟壮丽的巨型建筑。巴比伦在前 539 年为波斯帝国占领。前 331 年，马其顿亚历山大大帝的军队东征打败波斯，巴比伦成为马其顿在东方的首都和文化商业中心。但亚历山大不幸于巴比伦病逝，自此城市地位降低而逐渐衰落，到前 141 年最终被废弃。

在公元前 1770 年～前 1670 年，以及前 612 年～前 320 年这两个时期，巴比伦或许曾是世界上无与伦比的大城市，后一时期人口超过 20 万人。古希腊历史学家希罗多德在其《历史》一书中，最早对巴比伦城的形象和规模做了详细的文字描述。根据 1899 ～ 1917 年对城址进行的考古发掘，大致复原了尼布甲尼撒时期的城市布局。城市平面大体呈矩形，有城墙、城门、护城河，面积约 9 平方千米，有两重城墙。外墙周长 16 千米，内墙周长 8 千米，用泥砖和烧制砖砌成。沿城墙间隔设有塔楼，有 8 座城门，并有护城河。城的正门是伊什塔尔门。城市分为东西两部分，幼发拉底河从城的中部流过，两岸有桥连接。为了御敌从河上的进攻，东西两城之间修筑了跨越河面的巨大金属防护栅栏。城内有南北向的游行大道，路面铺砌砖石。伊什塔尔门和大街两侧均装饰有彩釉动物浮雕。主要建筑集中在河东沿岸，沿游行大道西面次第排列。伊什塔尔门西南方是主要宫殿区，即尼布甲尼撒二世的南宫，由 5 个院落组成。东北角是世界七大奇观之一的空中花园。城中心位置有方位正对夏至日日出方向的马尔杜克神庙，以及高 91 米的"创世之庙"。"创世神庙"是一种流行于西亚各地区的以台阶式逐级向上收缩的七层金字塔形建筑，其顶层为马尔杜克神庙。圣经中的"巴比伦塔"神话即源于此。大道东侧是大片低矮的土屋平民区，与西侧的宏伟构筑物形成巨大的视觉反差。这种尺度上的强烈对比，使得当年到访巴比伦的希罗多德对那些大型建筑产生了错觉，因而书中夸大了它们的真实体量。

古埃及城市

古埃及城市指约公元前 4000 ～前 30 年，古埃及文明地区所建设的居民聚集区与城市群。

◆ **城市的产生与发展**

古埃及是四大文明古国之一，位于非洲东北部尼罗河的下游，古埃及文明形成于约公元前 5450 年。约公元前 4000 ～前 3500 年，古埃及开始出现了居民聚集点与小型城市，此阶段是古埃及城市雏形的萌芽时期。约公元前 3200 年，美尼斯建立了统一的古埃及第一王朝，其后古埃及的发展大致可分为 4 个时期：古王国时期（公元前 3200 ～前 2200）、中王国时期（公元前 2200 ～前 1580）、新王国时期（公元前 1580 ～前 1150）、晚期（公元前 1150 ～前 30）。

古埃及城市早期起源

尼罗河贯穿古埃及全境，作为城市唯一水源，河流周边土地肥沃，也因此成为古埃及文明的摇篮。但尼罗河的定期泛滥也将古埃及最早的居民区和王宫冲毁，只有在孟菲斯古城等较晚形成的大城市中，用石头建造的陵墓和庙宇得以保留。因此，古埃及城市的早期起源没能像其他早期文明那样留下清晰的痕迹。

在公元前 4000 年左右，古埃及文明中出现了铜器，埃及进入金石并用时期，生产力出现较大增长。公元前 4000 ～前 3500 年，奴隶制与早期王权开始萌芽，狄奥斯波里·帕尔弗发现的城墙模型证明了当时古埃及已有城市形成。约公元前 3500 年，古埃及形成了上埃及和下埃及两个国家。公元前 3500 ～前 3200 年，私有制逐步确立，阶级逐步形成，古埃及出现了若干个小城邦，这些城邦面积小、人口少，城市以政府机关、王宫、神庙为中心进行建设，有城墙围护，在交通要道上选址，成为交通要塞。

古王国时期（公元前 3200～前 2200）

约公元前 3200 年，上埃及首领美尼斯逐渐统一了整个尼罗河地区，建立了古埃及第一王朝，并开创了古王国时期，这个时期共有 6 个王朝更替，其中最为辉煌的是第三和第四王朝。古王国时期的非凡文明得益于当时的政治体制，一直到第三王朝时期，法老的地位都至高无上，被视为神，拥有绝对权力。

古王国时期的城市特点是"死者之城"与"生者之城"完全分离。"死者之城"常位于远离尼罗河泛滥区的西岸高地，由花岗岩等材料建成的庙宇、陵墓、方尖碑等建筑群组成，得以长期保留。这一时期建筑师们用庞大的规模、简洁沉稳的几何形体、明确的对称轴线和纵深的空间布局来建设国王的陵寝，即金字塔，以彰显法老的绝对权力。而与"死者之城"遥遥相对的"生者之城"常位于尼罗河东岸，被认为是短暂的，如作为首都的阿克赫泰登城仅仅存在了 16 年。

此时期的代表城市为孟菲斯古城，由第一王朝国王美尼斯建立，因"死者之城"的长期留存，在第三到第六王朝期间仍被不断重建与发展，持续了千年之久。

中王国时期（公元前 2200～前 1580）

古王国后期，法老权力受到地方权贵的挑战，战乱频繁，埃及进入了一个混乱时期，直到约公元前 2050 年，底比斯的君主们恢复了政治统一，第十一王朝的国王重新统一埃及，恢复了古王国的基本政治制度，再度形成了强大的中央集权国家。由于人口不断增长，中王国时期的国王们实行了垦荒和灌溉计划，民众不断开垦尼罗河三角洲的绿洲并建造了巨大的水库，古埃及的手工业与商业也发展迅速，这一时期出现了很多较为繁荣的城市。随着奴隶占有制经济的发展，农村公社逐渐分化出中小奴隶主、手工业者、商人、小官吏、富裕小民、贫民等复杂的阶级关系，社会矛盾也逐渐复杂。

中王国时期，生者之城与死者之城的界线逐渐模糊，但城市分区显露出明显的阶级差异。这一时期的国王并没有获得绝对的无限权力，因此为崇拜国王而兴建的大型纪念物逐渐衰落，国王的陵墓大多是小小的砖砌金字塔，而且其本身已不是陵墓，而只是陵墓的外在符号。神庙的建造依然得到推崇，神庙的特点是规模宏大，这一时期已采用梁柱结构，有较宽敞的内部空间。

此时期的代表城市为底比斯城与卡洪城。底比斯城是第十一王朝建立的都城，虽然其"死者之城"与"生者之城"相互分隔，但其神庙如卡纳克与鲁克索神庙却位于城中，与"生者之城"结合在一起。国王开始摒弃金字塔的建造，选择在山岩上开凿石窟作为陵墓，利用原始拜物教中的巉岩崇拜来神化国王，其典型案例是建于约公元前 2000 年的曼都赫特普三世墓。卡洪城是建于第十二王朝的普通城市代表，一般被认为是为修建金字塔而兴建的小城，也有说法是为开发绿洲而建。城市为长方形，为砖砌城墙。城市分为东西两部分，显示出明显的阶级差别。城西为奴隶居住区，面积小、密度大，共 250 幢奴隶棚屋。城东以神庙为中心，北部为贵族区，仅分布十几个大庄园，南部为商人、手工业者与小官吏等中产阶级聚集区，东南角是大型坟墓区。

新王国时期（公元前 1580 ～前 1150）

由于希克索斯人入侵，古埃及第十七王朝陷入分裂，第十八王朝在乱世中崛起，使埃及恢复了统一。这一时期，古埃及的中央集权不断加强，国王自称为神，并不断对外用兵，使埃及版图扩大了一倍，又被称为埃及帝国时期。

新王国时期城市出现了明确的分区，尤其是显示出明显的市中心区。为进一步神化国王，宗教发生了深刻的变化，将诸神与国王以种种方式联系到一起。在建筑设计上，将宫殿和庙宇结合，太阳神庙逐渐代替了陵墓，作为国王崇拜的纪念性建筑，其主要由围有柱廊的内庭院、接受臣民朝拜的大柱厅和只允许法老和祭祀人员进入的祭拜神堂三部分组成。

此时期的代表城市为兴建于公元前 1370 年的都城阿玛纳城，呈现为沿尼罗河的弯曲带形布局，长 3.7 千米，宽 1.4 千米，道路基本为棋盘式分布。城市分为北、中、南三部分，北部为劳动人民居住区；中部为国王统治的中央区，主要由皇宫、阿顿神庙，以及许多国家行政与文化建筑物构成；南部为高级官员的府邸。

晚期（公元前 1150 ～前 30）

新王国在第十九王朝末期的奴隶起义中被摧毁，古埃及进入晚期。古埃及在此时期经历了本土统治者的最后一个兴盛时期，之后历经亚历山大大帝征服时期及托勒密王朝，并最终被罗马吞并。

这个时期古埃及城市的建设逐渐受到其他地区文化的影响，建筑设计中出现了许多带有希腊、罗马要素的新类型、形制和样式。

◆ **古埃及城市建设中的物质基础与宗教影响**

古埃及高度发达的物质文明是古埃及城市发展的物质基础。同时，独特的宗教信仰也对其城市建设产生巨大影响。

古埃及城市建设的条件

从事大规模水利工程、开垦尼罗河两岸绿洲、建造金字塔等，都需要劳动力的大量集中，这为古埃及出现城市居民点创造了条件。同时，古埃及人民在建设工程中发展了几何学、测量学，创造了起重运输机械，并积累了组织几万人进行劳动协作的经验，使得古埃及的天文学、历法、数学、医学、美术、文学等均达到最高水平，这些成就对城市发展也起到了重要的推动作用。

宗教对古埃及城市的影响

在宗教的影响下，古埃及人认为在现实世界人是极为短暂的，人死后灵魂永生，因此死后的世界是永存的。对死亡深深的恐惧与对美好生活的热爱，使得古埃及人不愿接受死亡，他们相信肉体的死亡只是为灵魂开启通往永生的大门。古埃及法老借助宗教的力量掌控全国，并从臣民手中收取大量赋税。赋税的用途是公共事业、城市与神庙的建设，主要是法老陵墓和神庙的建设。

古埃及人的宗教思想深深影响了其城市规划。在古埃及的宗教中，太阳神一直是最高神，是世间万物的创造者和主宰者，每天会乘坐太阳船东升西落，古埃及人认为，死去的法老会随着太阳船进入冥界，并追随太阳神在清晨回到人间复活。尼罗河由南至北贯穿整个埃及，将其分为东西两部分，因此古埃及人认为，在空间上尼罗河是生与死的界限，尼罗河东岸是太阳初升的地方，是活人的国度，而尼罗河西岸是太阳落下的地方，死者的灵魂也应在那里安息。受宗教思想影响，古埃及人将生者之城建设在尼罗河东岸，在这里进行各种生产和生活活动，而将金字塔、帝王谷等陵寝建筑与神庙建筑建设在远离尼罗河泛滥区与太阳落下的西岸高地。古埃及人独特的生死观，也使得法老的陵墓和庙宇成为城市的主要建筑物，通常建设材料为坚固的花岗岩，以代表永恒；而住房与宫殿都是短暂而非恒久的，一般用黏土、土坯和芦苇等材料建设。

◆ 古埃及城市的成就与影响

古埃及作为历史上出现城市最早的地区之一，在用地选址、功能分区、路网设计以及城市建筑与景观设计上都取得了很大的成就。

古埃及城市在用地选址上注重因地制宜。村、镇、庙宇大多建于尼罗河畔的天然或人工高地，有利于水源供给与交通运输，金字塔则建于尼罗河两岸远离河道的高地沙漠上。古埃及城市最早运用了功能分区原则与棋盘式路网布局，如卡洪城和阿玛纳城的城市分区，均体现了功能分区原则；古埃及的棋盘式路网也对希腊希波丹姆的规划思路产生了巨大影响。城市设计方面，古埃及早期的"死者之城"以及阿玛纳城都进行了建筑群和城市景观设计，在规划中应用了对称、序列、对比、主题、尺度等建筑构图手法。

卡洪城

卡洪城是位于古埃及尼罗河西岸法尤姆绿洲东南部的城市。原称依拉洪。

古代埃及人的宗教信仰认为人的现实世界短暂,而死后的世界永存,因而后者更为重要。因此,每个统治者国王(法老)在生前都全力修筑自己的陵墓(金字塔)和庙宇。在埃及中王国时期(公元前2055~前1650,第十一至十四王朝)第十二王朝国力鼎盛,法老塞索斯特利斯二世生前为建造自己的金字塔陵墓工程,兴建了这座城。这里实为一座施工基地,距金字塔只有约800米。根据推测,人口规模达到约2万人。城市所在地附近还有一座同名城镇。

1888~1890年和1914年,考古学家F.佩特里对古城遗址进行了两次发掘,根据当地人提供的信息,将此城命名为卡洪。城市平面呈长方形:土坯砖砌的外城墙北面长约384米,西面约335米。有一道厚实坚固的内城墙将其分隔为东西两部分。西部面积不到全城的1/3,一条8米宽的南北主街串联十几条1.5米宽的小巷,密集地排列着250多座奴隶工匠所住的44平方米的简陋土屋。据推测这些工匠是经过战争俘虏的闪米特族奴隶,因此需加筑内城墙对其严加监控。城东部有一条石块铺装的9米宽的东西大道将其分为南北两部分,路北为奴隶主贵族的宅院,有的面积达2000多平方米;路南为商人、手工业者和小官吏住区;东面为市场和商铺。遗留的柱基显示城中还有一组宫殿,推测为国王便于到此视察工地而建。宫殿残垣上留有彩色壁画。城东南有一座神庙,奉祀鹰星神索普都。被任命的城首官是哈提雅,除工程外还兼管陵墓的奉祀。卡洪城存在了约100年。经发掘发现,城墙只有北、东、西三面,南城墙已完全消失,据推测是垮塌后经多次洪水泛滥而被冲刷殆尽。

卡洪城的发掘过程是采用挖掘机条带式开挖，挖开一个条带测绘记录后再开挖下一条，弃土就覆盖在前一条带的位置，因此原址面貌未得保留。发掘得到的文物和资料保存于伦敦佩特里埃及考古学博物馆中。直到 21 世纪，卡洪城的后续考古发掘还有新的发现，并有研究卡洪城的学术论文发表。

底比斯城

底比斯城是古埃及中王国和新王国时期的首都。

底比斯城距埃及首都开罗 700 多千米，位于尼罗河中游，整个城区面积达 90 平方千米，城市人口最盛时多达 10 万人。

公元前 2134 年左右，埃及第十一王朝法老兴建底比斯作为都城，在第十八王朝（约公元前 1575 ～前 1308）时，作为古埃及最重要的贸易中心，底比斯的繁盛达到顶峰。第二十一王朝（约公元前 1085 ～前 945）以后，随着古埃及新王国的日益衰落，底比斯城统治集团内部矛盾也不断加剧。公元前 663 年左右，底比斯城被亚述军队烧毁洗劫，接着又于公元前 525 年左右，被波斯国捣毁，直到公元前 27 年，一场突袭而来的大地震彻底将底比斯城摧毁，城中仅存的一些纪念性建筑物也倾塌无遗。底比斯城长达 2000 多年的兴衰更迭，在古埃及的发展史上始终起着重要作用，是整个古埃及国家兴衰的一个缩影。

底比斯城横跨尼罗河两岸，有人居住的城市主要位于尼罗河右岸（东岸），是法老、贵族及一般市民居住地，也是当时古埃及的宗教、政治、贸易中心，人口稠密，道路密布，广厦连亘，当时的底比斯有城门百座，被古希腊大诗人荷马称为"百门之都",最著名的遗址是位于城郊的卢克索和卡纳克神庙。法老们死后的安息之地则位于尼罗河左岸(西岸)的谷地中,谷内一共有60多座帝王陵墓,隐匿于岩石之中,墓穴的内部建筑壮丽,壁画精美,显示出古代埃及人高超的建筑和绘画技术。

阿玛纳城

阿玛纳城是古埃及新王国时期的古都。

位于上埃及埃赫塔吞古城遗址及其附近墓葬之所在地,埃及中部尼罗河东岸,距明亚省艾斯尤特以北71千米。公元前1375年,古埃及国王阿肯那顿(即阿孟霍特普四世)实行新政崇拜太阳,在此建立新都。

此城沿尼罗河呈带状分布,一面临河,三面山陵环绕,无城墙。城内道路为棋盘式布局,有一条沿尼罗河的主要道路,被称为"王路"或"御路"。城市按功能大致可划分为北城、中城、南城三部分,北城有一系列宫殿和墓地,主要建筑为"北宫",是王室的休息地,建筑围绕开放的庭院和花园建造,内部包括王室寓所、仓库和牛舍;中城是统治中心,主要建筑分布于御路两侧,有皇宫、阿顿神庙(又译阿吞神庙)、官署和重要的文化建筑,御路上架天桥,连接阿顿神庙与皇宫,阿顿神庙和皇宫主要由当地开采的石灰石建造,室内建筑由泥砖建造,部分泥砖还有绘画装饰;南部为高级官员府邸,建筑四面围和并备有附属用房与花园,部分道路有绿化。城市以东2千米处为匠人的居住区,是长、宽都约69米的带有围墙的行列式布局,建筑排布规整,但十分拥挤。

公元前1356年左右,因政权更替,城市逐渐被废弃,建筑后被法老拆解使用。由于城市被废弃后并未受到干扰和进行重建，加之沙漠干燥的气候条件，经考古挖掘后，古城结构呈现清晰，建筑地基以及其中的文物保留较为完整。

孟菲斯古城

孟菲斯古城是古埃及中古王国时期的都城。

孟菲斯古城距埃及首都开罗 23 千米，位于尼罗河三角洲南部，由古埃及第一王朝的国王美尼斯建立。

约公元前 3200 年，上埃及首领美尼斯逐渐统一了整个尼罗河地区，建立了古埃及第一王朝，并在尼罗河三角洲的最南端建立首都孟菲斯城，整个城市的建筑被涂满白石膏粉，因此当时被称为"白城"。从第三王朝到第六王朝（约公元前 2686 ~ 前 2181），孟菲斯城进入了快速发展阶段，成为当时著名的大都市。到古埃及中王国和新王国时期，法老们纷纷迁都底比斯，孟菲斯城逐渐被底比斯取代了首都地位，但作为宗教与文化名城，孟菲斯城仍是古埃及当时的重要城市之一。约公元前 1000 年后，古埃及先后被库施王国、亚述、波斯帝国、希腊、罗马帝国等围攻和占领，最终在约公元 7 世纪古埃及被阿拉伯人侵占时，孟菲斯城遭到了毁灭性的破坏。

在宗教的影响下，古埃及人认为人在现实世界是极为短暂的，而死后的世界是永存的，因此在城市建设中极为重视"死者之城"的建造。孟菲斯的"死者之城"，主要由以花岗岩材料建成的庙宇、陵墓、方尖碑与狮身人面像等建筑群组成，陵墓被设计成棱柱形、棱锥形、方尖柱等几何形状，或者由宏伟的塑像构成，如狮身人面像；与"死者之城"相分隔的"生者之城"作为它的陪衬，城中的住房与宫殿均使用黏土、土坯和芦苇等不耐久材料制成。第三王朝时期，国王裘萨在建筑师英霍德甫的帮助下重建了孟菲斯城，在尼罗河上游将河道东移，将城区面积扩大了 6.6 千米 ×13.2 千米，并在萨瓜勒按照国王生前的生活方式设计了国王的陵墓，陵墓与孟菲斯内城大小相当，约 3.6 千米 ×1.6 千米。

古罗马城市

古罗马城市是指约公元前第 1 千纪上半叶至 1 世纪前后，古罗马文明地区所建设的居民聚集点与城市。

古罗马是公元前第 1 千纪上半叶在意大利半岛中部兴起的一个奴隶制城邦国家，经历王政时代、罗马共和时代，至 1 世纪前后扩张成为横跨欧、亚、非三洲的帝国。公元 395 年，罗马帝国分裂为东西两部分，西罗马帝国亡于 476 年，东罗马帝国于 1453 年为奥斯曼帝国所灭。

古罗马在伊特鲁里亚、希腊、西亚和埃及等地的古代文明成就的基础上，最终形成了古罗马文明，是继古希腊文明之后西方文明的另一个重要源头。在此过程中，也形成和创造了古罗马独特的建筑和城市建设风格。

◆ 古罗马的城市建设

公元前 8 世纪，拉丁姆平原萌发了古罗马文化的萌芽，至公元前 6 世纪王政时代，古罗马在伊特鲁里亚人的统治下由原始的氏族部落转变为城市国家。这一时期的古罗马城市多建造在山地或者高地上，先筑城墙，再以统一模式修建城市。受宗教思想的影响，城市分区明显，布局较为规则。

公元前 509 ～前 30 年的共和时代，罗马历经平民贵族斗争和对外扩张，逐步完善了政治体制和发展社会经济，促进了城市建设的快速发展，大量建设公路、桥梁、城市街道、输水道等基础设施，剧场、浴场、竞技场、广场等公共建筑的建设也很活跃，曾经作为城市中心的神庙退居次要地位。

公元前 30 ～公元 235 年，罗马帝国时代的城市建设更加繁荣。除了继续建造剧场、斗兽场、浴场之外，为皇帝建造标志性的纪念物建筑成为城市建设的首要任务，如广场、凯旋门、纪功柱、陵墓等。

古罗马的城市规划和建设带有强烈的军事化色彩，如道路、城墙、桥梁、长距离输水管等的建设。罗马帝国时期，城市建设以宣扬君主功绩的纪念物为核心，体现君权化特征。世俗建筑取代了神庙建筑的主导地位，建设了大量的公用设施和公共建筑，城市居民的公共生活比较丰富。

◆ **罗马营寨城**

罗马营寨城是公元前 3 ～前 1 世纪，古罗马帝国军队征战地中海沿岸地区时，以军事营地为原型，广泛用于殖民地建设的一种城市类型。

◆ **古罗马城**

古罗马城始建于公元前 753 年，未经过规划而逐渐形成。直至共和时期，古罗马城都处于自然发展中，城市布局较为随意。公元前 8 世纪，古罗马城逐渐发展扩及七丘范围，山顶有天然蓄水池，供应全城用水。至公元前4世纪古罗马城才在四周筑起城墙，城中仍保有空地作为战时的粮食供应地。城市中心位于帕拉提乌姆山丘，面积约300米×300米，四周有围墙防护。后逐渐建设形成广场群，即罗马共和广场和建于帝国时期的罗马帝国广场等。共和时期的广场群是城市社会、经济和政治活动的中心。广场周边建筑分布比较散乱，相互间不协调，通向城市广场的放射道路也未形成完整的体系。公元前4～前1世纪，罗马城已有较为完备的输水系统和排水设施，但居住条件仍较为恶劣。

公元前30～公元235年的帝国时期是古罗马城市发展的鼎盛时期。2世纪时，跑马场、剧场、斗兽场、浴场等公共娱乐建筑越来越多，古罗马城的建设越过原城墙范围，蔓延至城外。3世纪时城市人口已超过100万。由于人口的快速增长，到帝国晚期，罗马城的山上多为富人的低层住宅，山下则由1～2层的民居发展成为5～6层甚至7～8层的住宅或出租公寓。帝国时期古罗马城的建设成就主要体现在公共建筑群，中心广场群在这一时期成为宣扬皇帝个人功绩的纪念性场所，如奥古斯都广场、图拉真广场、凯旋门、纪功柱、大斗兽场等。古罗马时期的代表性大型建筑均保存了下来。

◆ 庞培城

庞培城始建于公元前4世纪左右，是罗马共和时期由营寨城发展而来的商业和休养城市，位于维苏威火山下，城市居民约2万人，商贸繁荣。

庞培城平面不规则，东西长1200米，南北宽700米，城墙高7～8米，设有8个城门，以维苏威火山为中心布置街道。城市西南角有市中心广场，南部有三角形广场，广场周围有贵族府邸、公寓、浴场等各类装饰精美的公共建筑。通过城市中心广场的十字形主干道宽约 6～7 米，次要街道宽 2.4～4.5 米，一般道路由乱石砌筑，通往广场的街道由块石整砌。

公元 79 年维苏威火山突然爆发，庞培城被火山灰淹没，大量的城市建筑遗迹得以完整地保存下来，为世人所知。

◆ 罗马行省

罗马行省是古代罗马在意大利以外的征服地派遣总督治理的行政区域。罗马帝国前期，统治者在行省中通过城市化运动广泛建立新的城市，或者将部落、村庄等发展成为城市。罗马军队是行省城市建设活动的主导力量，帝国东部行省在罗马军队到来之前就已有发达的城市文明，因此罗马军队一般利用已有城市作为军事基地；西部行省则在罗马军队到来之后才开始城市化。

西部行省大多模仿罗马城进行城市建设，带有浓厚的军事色彩和罗马特色。城市多采取网格状街道设计和分区制，城市的公共设施如道路、纪念碑和广场、神庙大多位于城市中心地区，生产区域位于城市边缘，墓地则在居住区域之外。

罗马营寨城

罗马营寨城是指公元前 3～前 1 世纪，古罗马帝国军队征战地中海沿岸地区时，以军事营地为原型，广泛用于殖民地建设的一种城市类型。

古罗马军营一般可分为两种形式。奥古斯都时期之前，古罗马军队的军事驻地多为临时性营寨，又称夏季军营，一般是为某项特定的军事行动而募集资金修建的，建造材料相对简单，平面布局比较紧凑多变，通常小于 0.04 平方千米，军事行动结束后即告解散。永久性营寨又称冬季军营，面积较大，规模多在 0.17～0.28 平方千米，具有固定的基本形制和木石结构的建筑，使用时间也较长，并在后期逐渐发展演变为永久居住点。以公元前 275 年的派拉斯营地为原型，阿奥斯达（位于今意大利北部）、诺伊斯（位于今德国西部）和提姆加德都是古罗马鼎盛时期军事营寨城的典型代表。

公元 3 世纪的《军事营寨筑城学》和古罗马历史学家波力比乌斯的作品都详细记载了营寨城的规划建造模式。受地理气候条件、军事制度等多种因素的影响，罗马营寨城的建设模式也有一个发展变化的过程，但总体而言都遵循了希波丹姆形制的基本原则，包括：①营寨城平面多为方形，四周边界设置城墙，有些还挖有城壕。②城内设方格网式道路，将地块划分为方形或长方形，地块大小因军团建制和军种战术不同而有所变化。③中央的主干道呈"十"字形或"T"字形交叉，东西向的主干道称为"德库马努斯"，代表着太阳运行的轨迹；南北向主干道称为"卡多"，象征着世界的中轴线。④主干道与城墙的交接处开设有城门，有些还在城门处设有防御塔或凯旋门。⑤主干道交叉点建有古罗马式广场、神庙、军团指挥部等，后期还建有露天剧场、浴场和斗兽场等公共建筑。

395 年罗马帝国一分为二，476 年西罗马帝国灭亡。欧洲进入中世纪时期之后，营寨城建设活动基本停止，已建成的营寨城也逐渐失去军事功能，逐渐转变为普通的商贸或宗教城市。欧洲至少有 100 多座城市起源于罗马营寨城，如伦敦、巴黎、巴塞罗那等，不少城市名称中还保留着"－卡斯特"或"－切斯特"的后缀。西班牙军队在征服美洲大陆时，也曾沿循营寨城的模式建造新城市。

庞培城

庞培城是古罗马城市，位于意大利南部坎帕尼亚大区维苏威火山东南麓。曾是手工业和商业发达的海港，罗马贵族和富人的避暑地，公元79年被火山喷发物掩埋。

◆ 沿革

庞培城原址靠近那不勒斯海湾和萨尔诺河口，后由于地质活动，古城遗址逐渐向内陆移动，保留下来的庞培城遗址位于内陆约2千米处，距离西北部的维苏威火山约10千米。希腊人曾在公元前8世纪来此居住，有利的气候条件和肥沃的火山土壤促进了当地农业的发展。庞培城始建于公元前4世纪左右，原以古希腊建筑为主，公元前80年被罗马征服后开始罗马化，其城市、建筑和壁画等都兼有希腊和罗马的特色。庞培于公元前2世纪时期蓬勃发展，并建造了主要的大型建筑，逐渐发展成为古罗马重要的休养城市和商港，周边的居民将他们的产品通过庞培运送到罗马各处。

公元79年维苏威火山爆发，瞬间将庞培城覆盖，当时的建筑、道路、广场甚至器皿、壁画，以及居民遗骸在火山灰下得以保留，形成展示当时城镇格局和生活场景的历史断面，是世界唯一展现古罗马城镇全貌的考古遗址，被联合国教科文组织列入世界遗产名录。

◆ **布局**

庞培城平面呈近似椭圆的不规则形状，东西长约 1200 米，南北宽约 700 米，面积约 66 公顷。庞培城外围建有城墙，总长度约 3000 米，高约 7～8 米，在各个方向上共设置 8 个城门。庞培城以维苏威火山为中心进行构图，城内主要街道的走向、公共建筑物和大府邸的轴线，基本上对着火山。城内形成了两级道路系统，主要道路系统为贯穿整个城市的十字形道路，宽度约 6～7 米，一般的道路宽度约为 2.4～4.5 米，道路均有路缘石和人行道，并且留有车辙的转弯半径。

庞培城主要的大型公共建筑群主要集中在城内 3 个广场周边。最大的中心广场位于庞培城西南角，是宗教、经济和市政生活的中心。作为城市守护神的神庙位于广场北端的正中间，供奉朱庇特、朱诺和密涅瓦，广场和神庙形成南北向的轴线，正对着维苏威火山顶峰；南面建有拉雷斯神庙和国会大厦，是城市的司法机关，里面设置市议会的会议场所和法官的办公室；其他方向上设有大教堂、法庭、粮食交易所、市场、公秤公尺陈放室等。广场的周围建筑物在不同时期建设，为解决广场景观较为凌乱的问题，后来沿广场周边建造了一圈两层高的柱廊，视觉上统一了广场的界面，又衬托出了朱庇特神庙的立面。城市南端三角形的广场面积较小，广场上建有多立克神庙，是庞培城最古老的寺庙，北边有两个分别可以容纳 5000 人和 1500 人的两个剧院，东部设置可容纳约 2 万人的体育场。城市最东边的广场上设有角斗场，可容 1.5 万名观众，表演区和前排座位低于地面，挖出的土垫高后排座位，仍有希腊遗意；

外围一半由城墙作挡土墙，另一半用石块砌成带连续券的挡土墙。观众席用石材铺装，这是古罗马最早的石筑角斗场。

庞培城内当时人口约为 2 万，包括自由人、奴隶、小商人和贵族等不同阶层。庞培城内的一般建筑以两层为主，局部为三层，基本形成以天井组织周围建筑功能的格局，典型形制为前部是罗马式的明堂，后部是希腊式的围柱院落。城内数千栋建筑展现了罗马城镇的繁荣，包括商店、大型别墅、简陋的住房、寺庙、小酒馆、运动场、公共浴场、竞技场、公共厕所、市场大厅、学校、水塔、花卉苗圃、大教堂、妓院和剧院等，还有数百座供奉各种神灵和祖先的小神龛和大约 40 座公共喷泉，居民可以在城内便利地找到需要的所有设施。庞培城内有许多大型别墅，大部分建于公元前 2 世纪，典型的格局为通过柱廊围合成的中庭空间组织卧室、餐厅，并且单独设置祭拜祖先的房间，许多别墅都建有私人花园，里面设置雕塑、喷泉、凉棚等。市中心附近的潘萨府邸单独占据了一个街坊，南北长约 97 米、东西宽约 38 米，西侧私人花园约占整个府邸用地的三分之一，府邸的 3 个临街面均设置面向城市的商店和面包房等功能。除此之外，庞培城内的奴隶区也在火山灰中被保留了下来，这些区域的空间更加狭窄，没有华丽的装饰，主要包括住宅、小酒馆、工场，以及妓院等功能。

古希腊城市

古希腊城市是指约公元前 800～前 30 年，以巴尔干半岛、爱琴海诸岛和小亚细亚沿岸为中心的多个古希腊奴隶制小国所建立的城市群。古希腊城邦是一种由原始公社演化而来的公民集体，它以城市为统治中心、与周围的乡村共同构成相对独立的城市国家。

◆ **历史沿革**

一般认为，古希腊文明经历了荷马时代、古风时代、古典时代和希腊化时代，其中古典时代是古希腊文明与城市建设的黄金时期。同样，古希腊城邦也经历了兴起、演进、不断扩张发展和逐渐衰落的过程。

公元前3千纪末至公元前2千纪，古希腊的克里特岛和迈锡尼发展成为欧洲最早的城市文明中心。公元前12世纪末，迈锡尼文明消亡，希腊开始实行氏族制和贵族政治，进入了长达300年黑暗时代，古希腊城邦开始萌芽。公元前9～前8世纪，古希腊氏族制度逐渐解体，以城市为中心的城邦国家开始兴起。公元前8～前6世纪，古希腊地区普遍出现城邦制国家，并通过殖民活动在整个地中海地区建立新城邦。公元前5～前4世纪，分别形成了以斯巴达和雅典为首的两大城邦集团；前5世纪上半叶，古希腊各城邦在雅典的率领下取得希波战争的胜利，进入发展的繁荣时期；两大城邦集团间的矛盾不断加剧，最终导致了公元前431～前404年的伯罗奔尼撒战争，此后贫富分化和社会矛盾加剧。古代希腊城邦从公元前4世纪起逐渐衰落，城邦制开始瓦解。公元前3世纪马其顿帝国征服希腊，大部分古希腊城邦丧失了政治独立。公元前30年，最后一个希腊化国家被罗马灭亡，古代希腊宣告终结。

◆ **爱琴文明时期的城市**

爱琴海的克里特岛和迈锡尼岛产生了欧洲最早的城市文明，史称爱琴文明、克里特－迈锡尼文明。

克里特

克里特岛面积为 8300 平方千米，位于地中海东部中心区域、欧亚非三大洲之间的航线上。公元前 2 千纪初，克里特岛上产生了欧洲最早的、以克诺索斯为中心、由古尔尼亚、玛里亚、费斯塔等 90～100 座城市组成的奴隶占有制国家。其中，位于克里特岛中部北岸的克诺索斯和中部南岸的费斯塔是主要城市，它们的规模较大，拥有港口，两城之间有道路相连，纵贯克里特岛。

克里特的城市一般围绕高地上的防守据点或宫殿而成，多数呈不规则形、不设城墙，街道弯曲，住宅参差拥挤。居民主要是手工业者和商人，按职业分区聚集。城市建筑主要有住宅、宫殿、别墅、旅舍、公共浴室、作坊等，最著名的建筑是位于克诺索斯城的米诺斯王宫。

米诺斯王宫围绕中央广场建造房屋，通常是 2～3 层的小楼，建有楼梯、走廊、柱廊，以及供马车上下的斜坡。王宫不设防御堡垒，采取木石混合结构，拥有完善的生活设施和精美的壁画。

迈锡尼

克里特文明消亡后，文明中心转移至希腊半岛。从公元前 16 世纪上半叶起，逐渐形成一些奴隶占有制国家，迈锡尼成为爱琴海地区的文明中心。这一时期，在迈锡尼、梯林斯、雅典、忒拜和皮洛斯等地陆续出现了卫城、宫殿及圆顶墓。迈锡尼城市开始设防，道路系统逐渐完备，

城市建筑有宫殿、贵族住宅、仓库、陵墓等，居民主要居住在城外。城市的核心和主要建筑群是卫城，建于山岗上，设有城墙和城门，宫殿

是卫城的中心。迈锡尼卫城西北的狮子门是著名的考古遗址。

◆ 希腊古风时代的圣地建筑群

公元前 8 ~ 前 6 世纪，繁荣的社会经济、民主政治和文化艺术促进了古希腊城市建设发展，出现了祭拜守护神及自然神的神庙和圣地建筑群。圣地以神庙为中心，周围还建有竞技场、旅舍、会堂、敞廊等公共建筑，也是进行各种公共活动和商品交易的场所。不同于迈锡尼文明时期以防御为主的卫城，圣地建筑群突破了卫城格局，利用地形和自然景观布置道路及建筑，构成丰富多变的空间效果。

德尔斐的阿波罗圣地以及奥林匹亚圣地是这类圣地建筑群的代表。德尔斐圣地的核心是阿波罗神庙，周边建有体育场、跑马场以及体操馆，是皮托运动会的举办地。阿波罗圣地的道路及建筑均顺应地势而建，形态富有变化。奥林匹亚在公元前 10 ~ 前 9 世纪发展成为圣地，是古希腊祭拜宙斯的宗教中心。圣地呈不规则四边形，北面以山为界，其余三面筑围墙。围墙内有宙斯神庙、赫拉神庙、祭坛、宝库等建筑，围墙外有运动设施及浴室等公共建筑。

◆ 古典时代的城市

希波战争后，古希腊奴隶制经济得到繁荣发展，民主政治体制也影响了城市建设和城市形态。雅典和米利都城是这一时期城市建设的代表。

雅典与雅典卫城

雅典背山面海，山顶的卫城是城市的中心，最初的居民区位于卫城山脚下，此后向西北部平坦地区继续发展，围绕城市广场形成整个城市。雅典的城市广场和建筑群都因地制宜进行建设，并无定制。早期的街道未形成完整的体系，路面无铺装，卫生条件较差。

在克利斯提尼改革及伯利克里改革后，雅典的民主政治发展至全盛时期，利用起伏的地形开展了大规模的城市建设活动，建筑类型丰富。为强调给公民平等的居住条件，城市以方格网划分为街坊，居住街坊的面积较小，贫富住户混住其中。

雅典卫城是雅典的宗教圣地和公共活动中心，建造在山顶的石砌平台上，东西长约 280 米，南北最宽处为 130 米。雅典卫城发展了前一时期圣地建筑群自由灵活的建筑布局方式，充分考虑活动路线和沿途景观，依照山势布置建筑。卫城南坡建有平民活动中心、剧场、竞技场和市场等，是这一时期民主政治和城市生活的体现。雅典卫城内的帕提农神庙、伊瑞克提翁神庙等，是欧洲古典建筑的杰出代表。

斯巴达城

斯巴达城位于伯罗奔尼撒半岛的拉科尼亚，三面环山。不同于雅典的民主政治体制，斯巴达以其军事寡头政治著称，农业生产为主，地理上较为孤立，关于其城市建设和文化活动的记载较少。

米利都城

公元前 5 世纪希波战争后，古希腊规划建筑师希波丹姆在城市建设中广泛采取了一种几何形状的、以棋盘式路网为骨架的城市规划结构型式，将城市分为圣地、主要公共建筑区和私宅地段三个部分，其中私宅地段又可分为工匠住区、农民住区、城邦卫士与公职人员住区。

米利都城位于小亚细亚中部沿海地区，靠近迈安德河出海口。米利都城三面临海，四周筑有城墙，较为完整地体现了希波丹姆的规划思想。

城市采用棋盘式路网，两条主干道垂直交叉穿过市中心，多个广场组成了"L"形的开敞空间。广场北部的街坊面积较小，南部街坊的面积较大。

城市中心可分为 4 个区，其东北及西南为宗教区，其北与南为商业区，东南为主要的公共建筑区。城市南北两个广场呈规整的长方形，周围有敞廊和商店用房。

◆ **希腊化时代的城市**

希波丹姆模式还影响了希腊化时期地中海沿岸众多殖民城市的建设。城市布局规整，功能分区、道路系统、居住街坊的划分以及市中心广场的布局均遵循严谨的几何规则，卫城和神庙不再作为城市的中心，位于主干道交叉点的广场成为新的城市中心。希腊化后期城市开始出现供水系统和原始的下水道，有绿化和花园，卫生环境条件也相应得到改善。

普南城位于小亚细亚半岛西岸，始建于公元前 6 世纪，公元前 4 世纪亚历山大执政时按照希波丹姆模式进行了彻底的重建。普南城地势起伏较大，四周建有城墙，城内修砌整治为 4 层台地，由上而下以此布置神庙、市场、会堂和竞技场等主要建筑。城市规模不大，东西宽 600 米，南北宽 300 米，约有 80 个街坊，可供 4000 人居住。城市道路采用棋盘式布局，东西向沿等高线有 7 条 7.5 米宽的街道，南北向为 15 条 3～4 米宽的台阶式街巷，但尚未形成明显的主轴线。广场是城市公共活动、商业贸易和政治活动的中心，其东、西、南三面设有敞廊，廊后是店铺与庙宇。

米利都城

米利都城是位于安纳托利亚西海岸米安德尔河口附近（今属土耳其艾登省）的古希腊城市。

因为遗址所在地海平面的上升，故米利都城始建时间不详，但相关考古证据表明其有人类定居的时间可以追溯到新石器时代。在波斯战争前（始于公元前 6 世纪中叶），米利都城就是希腊最富饶和伟大的城市之一，到希腊化时期（公元前 323 ～前 30）城市发展到鼎盛。古希腊时期，米利都城是商业发达的海港城市。作为一座商业城市，政治与宗教的主导力量相对较弱，建设呈现出世俗化的倾向。

米利都城建于三面环海的半岛之上，城墙沿海岸线建设，随着海岸山地地形曲折布置，城池与自然环境很好地融合在一起，在城池防御上易守难攻。全城具有明确的功能分区，分为居住区、宗教区、公共活动区三种类型。建城所采用的希波丹姆模式是希波战争后希腊城邦的主导型设计模式，将城市以棋盘式路网划分，两条主要大街相互垂直交于城市中心位置。城市中心是 L 形的开敞空间，位于三处海湾附近，有着便捷的交通联系与良好的海岸景观。中心由广场、敞廊、公共建筑、宗教建筑等组成，是全城市民公共活动的集中地。全城道路系统分成两种尺度的格网，北部较小，南部较大，但并没有主次道路之别。城市除市中心的两条重要街道外，没有其他视觉轴线。城市街道十分狭窄，一般为 5 ～ 10 米。由街道划分的地块内并无规划设计，地块内建筑都各自向沿街开门，自发地建设显得相对混乱。相同大小的方格地块使城市建设可以不断向外扩展，并适应曲折的海岸线。城中大型的广场与建筑通常占用一个以上的地块空间，但尺度关系为地块的倍数，与周边地块融合。

总体而言，米利都城的城市尺度有着良好的秩序，是预先规划设计的产物。但与此同时，在微观空间又体现出商业主导的自上而下型建设特征，符合商业功能与市民活动的需求，是希波丹姆模式适应城市发展与自然环境的典型代表。

普南城

普南城是建于约公元前 6 世纪的位于小亚细亚半岛西岸古希腊米卡里悬崖边的港口城市。

约在公元前 4 世纪，马其顿王亚历山大统治时进行重建，改造了旧区，增筑了新城。公元前 4 ~ 前 1 世纪为城市的繁荣时期。普南城是按希波丹姆规划模式建设的，在米利都城单纯的棋盘式街道、塞里纳斯城设有明显城市轴线的基础上进一步发展，强调道路与建筑有计划的配合。19 世纪末开始进行了考古发掘，对研究欧洲古代城市规划有重要价值。因海滩淤积，城址已离爱琴海约 16 千米。

普南城背山面水，位于向阳的陡岩脚下。最初以城上底米特神庙为基础，顺地势往下发展并与地形配合。城墙自上而下修建，厚 2.1 米，设有塔楼，围护着岩顶及其下面的城市。普南城东西 600 米，南北 300 米，面积为庞培的三分之一。建在 4 个不同高程的宽阔台地上，高差 97.5 米。第一层台地最高，是底米特神庙；第二层是雅典娜波利亚斯神庙；

第三层为市场、鱼市场以及会堂；第四层最低，建有竞技场和体育馆。

从用地性质上，城市被大致规划为 4 个区：包括议事厅和市政厅的政治区、包含剧场的文化区、集市所在的商业区、包含底米特和雅典娜等神庙的宗教区。城内有 7 条 7.5 米宽的东西向街道，与之垂直相交的有 15 条宽 3～4 米的南北向台阶式步行街。市中心广场居于显著位置，是商业、政治活动中心。广场东、西、南三面都有敞廊，廊后为店铺和庙宇。广场北面是 125 米长的主敞廊。广场上设置雕塑群。位于西面与广场隔开的是鱼肉市场。全城约有 80 个街坊，街坊面积很小，每个街坊约有 4～5 座住房。全城估计可供 4000 人居住。住房以两层楼房为多，一般没有庭院。

中世纪城市

中世纪城市是指公元 5 世纪后期到 15 世纪中期之间所建的西欧城市。

中世纪始于 476 年西罗马帝国灭亡，终于 1453 年东罗马帝国灭亡。公元 395 年，罗马帝国分裂为东西两部分，东罗马帝国发展成为封建制的拜占廷帝国，首都位于君士坦丁堡，由于欧洲经济重心的东移保持了相对的繁荣和稳定。原来的西罗马帝国被日耳曼人占领后，经历了法兰克王国之后即处于各国割据状态，其间战争频繁、宗教束缚严重、国力分散且弱小、生产力落后。经历了长达 6 个世纪的文明、经济和社会衰退，直到 10 世纪工商业发展和资本主义制度萌芽，西欧的城市功能逐渐恢复并进一步发展，这个时期的城市建设呈现出秩序井然、层次丰富、自由灵活的特征，具有极高的美学价值，在世界城市历史上具有深远的影响。

◆ 封建领主城堡与教会城镇的发展

公元 5～10 世纪，西欧社会四分五裂，文化和科学发展大幅回退，经济和生产力极度落后。部分罗马时期的城镇在战争中被摧毁，其他城镇随着手工业和商业的衰败，人口大幅度减少，古罗马的人口从极盛时期的 100 万降到了 4 万。大大小小的封建领主们在各自的领地里进行自治，没有集中统一的政权，加上教会的腐败统治，导致中世纪陷入"黑暗时代"。

西欧被日耳曼人占领以后，经济中心从城市转向农村，政府在罗马城镇中的组织作用降低。伯爵领地中没有各自的首府，王国本身也没有首都，伯爵们在其辖区内巡回，以主持审判会、征收捐税和招募军队，封建领主从城镇退出，他们的城堡和皇帝的宫殿一样通常是在乡间，社会生产及空间组织形成了以城堡为中心、管辖周围乡村的格局。这种情况在欧洲北部普遍存在，几乎退回到了自给自足的农业自然经济状态。

西欧在割据分裂的状态下，基督教的思想快速渗入人们生活的各个方面，成为人民的精神支柱。由天主教建立了统一的教会，组成了西欧世界中强大而广泛的社会组织，与赢弱而分散的封建政权相比，教会通过强有力的政策统治着人们的精神生活和社会活动的方方面面。教会的纪律要求主教常驻在各自教区所在的城镇，所以一些原有的城市得以保留并成为宗教中心。从 4 世纪起，教士们开始享有司法和税收方面的特权，使得主教们的地位进一步提高。公元 7 世纪起，主教们掌握了对其人民和土地的领主权，除教会审判权外，他们获得了世俗的婚姻、遗嘱等案件的审判权，宗教的权利和世俗的权利得到了统一，国家的权利被削弱。此外，主教们还行使未严格规定的警察权，由他们管理市场，规定商品的通行税、监督货币的铸造，负责城门、桥梁和壁垒的维修。公元9世纪，城市中的商业进一步消失，主教们的权利占据极强的统治地位，城镇完全处于教会统治之下，城镇居民进一步减少，仅有少量从属于教会的居民，主要包括教堂的教士、修道院的修士、教会学校的师生和服务于祭祀和教士们的日常生活的仆役和工匠。

直到10世纪，西欧仍没有真正意义的城市，当时西欧的城镇和城堡大约有3000个，但大部分城镇和城堡人口只有100～1000人，仅承担着教堂驻地或者封建领主生活的功能，不具备完整的城市功能与经济活动。

◆ 工商业城市的发展

西欧中世纪的城市兴起于公元9～10世纪，随着农业生产力的提高，剩余产品开始出现，手工业逐渐从农业中分化出来，带动了商业经济的发展。在交通便捷地区、城堡附近和主教驻地的城镇周围逐渐聚集了手工业者和商人，逐步成为工商业中心，由意大利逐渐扩展到尼德兰、法国、德意志的莱茵河流域及南部地区，后来的威尼斯、热那亚、佛罗伦萨、米兰、罗马、巴黎、伦敦、布鲁日、科隆、吕贝克等都是那个时期开始兴起。多数城市在封建领地上兴起，商人和手工艺者聚集在城堡、教堂及港湾等交通便捷地区进行生产和交易，初期的城市完全依附于封建主，常常受到封建领主的控制和剥削，城市居民必须向领主缴纳实物或者货币。

　　10 世纪后，西欧开始逐渐出现真正意义上的城市，不同于以前自上而下建立的政治和军事堡垒，这个时期的城市基本上都是自发形成的。11 ~ 12 世纪，城市的发展出现了质的变化，随着市民阶层的逐渐壮大，催生了市民意识的觉醒。西欧城市中的商人和手工业者自发成立行会，采用斗争、交易等手段获取自治权，摆脱了对原有大领主的依附。西欧社会中的世俗权力的地位逐渐提高，市民文化得以发展。这一时期，城市议会成为城市的主要机构，管理行政事务和税收，并且设立城市法庭，领导城市武装力量。城市发展更为民主，有些城市成为独立的"自由市、自治市或公社城市"（英国、法国）和"城市共和国"（意大利），城市政权一般掌握在城市贵族手里。加上 11 世纪末十字军东征打开了地中海的大门，促进了海上贸易的发展，以意大利为代表的地中海沿岸的城市快速发展起来，并逐渐扩展到整个西欧。

　　12 ~ 15 世纪，西欧城市的手工业和商业进一步繁荣，随着货币的流行和交通条件的改善，城市成为商业活动的中心，人口快速集聚，当时的城市面积扩展到 3 ~ 6 平方千米，人口达到 5 万 ~ 15 万人。城市建设水平大幅度提高，出现了许多新的建筑类型。随着城市中市民精神的出现与发展，教堂从单独的宗教活动场所逐渐演变成为公共生活的中心，除了宗教仪式之外，承担着城市公共礼堂的作用，发挥婚丧礼仪甚至剧场的作用，其功能逐渐世俗化。

◆ **中世纪城市建设特征**

　　中世纪西欧城市整体艺术和景观效果不是有意规划而来，呈现出"自然生长"的特征，其丰富多样、自然优美、亲切宜人、和谐统一的城镇环境具有极高的美学和艺术价值。

中世纪西欧城市充分利用自然地形和景观进行自由布局。西欧的城市主要在原有的军事要塞节点、封建城堡节点、商贸交通节点的基础上生长而来，对原有的自然地形形成较好的呼应关系。由于各封建主之间常有战争，西欧的城市一般选址于水源丰富、粮食充足、地形较高、易守难攻的地区，利用城市位于制高点的特征，并且充分利用河湖水面和自然景观，使得城市与自然地形结合紧密，如威尼斯依托岛屿和河道形成了灵活的布局形式。

中世纪西欧城市通常以教堂为中心，呈现出环形或环形＋放射状的路网格局。由于统一而强大的教权统治，西欧的教堂常位于城市中心的位置。教堂前面形成半圆形或者不规则形状的广场，围合感较强，与周边的建筑群组合、纪念物布置、道路组织形式等环境要素形成多种组合形式，而使得广场各具特色。教堂与广场共同构成了城市公共活动的中心，是市民集会和从事各种文娱活动的中心场所，是城市中最活跃的地方。道路基本上以教堂和广场为中心向周围地区辐射，形成蛛网状的放射环状道路系统，城市可以圈层式地向外延伸拓展。而后，随着城市的拓展，在中心城市外围地区形成了新的中心。随着世俗权力的逐渐提高，除原有的以教堂和主教府邸为主的宗教中心外，逐渐形成了以市政厅为主的政治中心和以行会和商业协会建筑为主的商业中心，城市呈现出多个中心交错布局的形式。

中世纪西欧城市的具有明确的秩序感，主要来自教堂和领主城堡与一般建筑的形态对比。西欧教会倡导严密、规范的社会组织和社会秩序，奠定了西欧中世纪稳定的城市空间形式的思想基础。一般城市中，教堂作为城市中唯一的纪念性和标志性建筑，代表这个时期最高的技术和艺术成就，一般占据了城市中心并且构成了绝对的制高点，使得中世纪的城市秩序感极强。当时城市的整体结构、片区空间组织以及其中包含的社会活动，基本上都是围绕教堂展开，教堂成为中世纪西欧城市社区网络关系形成与维系的重要纽带与媒介。城市划分为若干教区，每个教区范围内分布小教堂和水井、喷泉，并设置公共活动场地。而当地的民居由于本土建筑材料的使用、传统技艺的传承，呈现出统一的秩序感。大教堂、小教堂和民居在尺度、材料、装饰等各方面的反差，使得城市极具秩序感。如法国的圣密启尔山城，教堂位于山顶并且体量最大，显示出极强的气势。

中世纪西欧城市往往具有丰富的层次感和多元的景观。当时的城市在发展初期仍承担着抵御外来侵略的作用，城市建设主要集中在城墙范围内，随着人口和功能集聚，建设密度和建筑高度逐渐提高，实现了对空间的高效率使用。西欧的城市没有统一的规划理论，但随着功能需要逐渐拓展的建设方式，实现了对自然地形的有机利用，城市街道一般弯曲多样，形成丰富多变的视觉效果，并且自然形成了许多小而精致的空间节点，强化了城市空间的丰富性。西欧的封建割据导致了西欧的长期分裂，却因此在各地形成了丰富多彩、色彩强烈的地方建筑风格，尤其是民间住宅，适应了各地丰富的自然和人文环境，形成了多元的景观，每个城市具有其独特的色彩，如红色的锡耶纳、黑色的热那亚、灰色的巴黎、色彩多变的佛罗伦萨和金色的威尼斯等。

诺林根城

诺林根城是指建于约公元 11 ～ 14 世纪，城址位于德国巴伐利亚州西部，保存有完整的城墙遗址的陨石坑古城。

诺林根是德国巴伐利亚州西部的一个市镇，是三十年战争期间诺林根战役的发生地，也是德国仅有的三个城墙完整的城镇之一。诺林根城建立在一个形成于 1500 万年前、直径 25 千米的陨石坑中，是个独一无二的陨石坑古城，这一陨石坑也是地球上现存最大的陨石坑之一。

诺林根遗址研究表明，早在旧石器时代晚期就有人居住。诺林根城的名称于 898 年首次在有记录的历史中被提及。1215 年，弗雷德里克二世皇帝授予诺林根城市权，诺林根成为神圣罗马帝国的帝国城市并建成第一处城墙。由于诺林根城位于两条主要贸易路线的交叉口，它成为谷物、牲畜、纺织品、毛皮和金属制品的重要贸易中心。1327 年，修建了后来的圆形城墙，使城墙围住的城市面积增加了 4 倍。18 世纪初，在西班牙王位继承战争期间，这座城市受到附近赫希斯特战役的影响。战争迫使贸易转移到海港，因此诺林根失去了贸易中心的身份。这种被迫的经济停滞也是诺林根中世纪城市景观保存完好的部分原因。

古城的建筑用石包含数百万颗直径小于 0.2 毫米的微小钻石，这些钻石来自一颗直径 1 千米的小行星的撞击。小行星在撞击当地石墨矿床时，产生了约有 72000 吨的钻石。古城的地标之一是圣乔治教堂 90 米的尖塔，俗称"丹尼尔"。它由冲击角砾岩构成，其中含有石英。其他标志性建筑还有建于 13 世纪的市政厅、圣萨尔瓦托教堂和中世纪医院斯皮塔尔。

佛罗伦萨古城

佛罗伦萨古城是指意大利中部城市佛罗伦萨市中心的以文艺复兴时期建筑为特色的历史城区。

佛罗伦萨是托斯卡纳区首府，位于亚平宁山脉中段西麓盆地中。公元前 9 世纪起佛罗伦萨地区成为伊特鲁里亚人的定居点。公元前 59 年，凯撒在此建立了村庄来安置退役的士兵，通常被视为佛罗伦萨建城的开端。公元 4 世纪，这里成为罗马天主教的一个教区中心，此后先后被拜占廷帝国、东哥特人、伦巴第人和法兰克人所统治。1115 年，佛罗伦萨成为神圣罗马帝国皇帝特许的自治城市。在帮派纷争后，佛罗伦萨的政权先后落入奥比奇家族与美第奇家族手中。从 14 世纪开始，佛罗伦萨用经济实力创造了两个世纪的建筑繁荣期，被认为是当时欧洲最强大的城市之一。它发行有自己的金币佛罗林，并在 16 世纪处于意大利文艺复兴的中心地位，文艺复兴的概念就是在佛罗伦萨产生的。

佛罗伦萨历史中心于 1982 年被联合国教科文组织列入世界遗产名录，也是古城的核心部分。历史中心占地 5.05 平方千米，以 14 世纪城墙的遗迹为界。这些城墙由遗存的大门、塔楼和两个美第奇要塞组成：北部的施洗者圣约翰要塞，俗称"达巴索"，以及位于南边群山之间的圣乔治·德尔·贝尔维德堡。城墙内聚集了城市最重要的文化遗产，古城的心脏位于领主广场，广场边是宏伟的旧宫，附近有举世闻名的乌菲兹美术馆。不远处是宗教中心，有着庄严穹顶的圣母百花大教堂。教堂周边是乔托钟楼以及佛罗伦萨圣若望洗礼堂和 L. 吉贝蒂的"天堂之门"。向北是 M.B. 米开罗佐的美第奇·里卡迪宫殿与 F. 布鲁内莱斯基的圣劳伦斯大教堂。

从米开朗基罗广场和菲索莱群山可以欣赏到整个古城。古城周围的城市环境优美而和谐，保留了托斯卡纳的特色，增加了古城景观的价值。阿诺河横贯整个佛罗伦萨古城，在佛罗伦萨历史和居民生活中占有重要地位。在河上的桥梁中，老桥是一座其上开设有珠宝店的独特桥梁，这也是市内唯一在第二次世界大战中幸存下来的桥梁。

佛罗伦萨古城以独特的形态和连贯性证明了它作为中世纪和文艺复兴时期重要城市的价值，保留着完整的街道、宫殿、长廊、喷泉和桥梁。佛罗伦萨古城是一项独特的社会和城市成就，是持久创造力的结果，其中包括博物馆、教堂等建筑和大量价值不可估量的艺术品。佛罗伦萨古城在发展过程中对意大利和欧洲的建筑与美术产生了巨大的影响。

威尼斯

威尼斯是意大利由群岛构成并通过桥梁连接的岛屿城市。

威尼斯起源于岛屿社区的群岛，城市最终形成大约在 11 世纪末。经过漫长的填海过程，这些群岛共同构成了整个紧凑的城市，岛屿的广场及其教堂、教堂塔、取水井口、与运河相连的台阶和连接邻近岛屿的桥梁都通过城市的中心网络相互连接。

　　由于威尼斯建在 118 个岛屿上，城市建设不易，使得威尼斯城在以后的几个世纪中几乎是毫无变化地被保留下来。在威尼斯的步行体系中，连接岛屿的桥梁与台阶联系紧密，并且把水渠和营地以及营地彼此连接起来。广场形成的普遍网络也是"运河—街道"组合系统的一个特征，表明了营地是两个基础设施交汇处的节点。当这些岛屿连接起来时，它们通过水和陆地相互连接，方便商品的卸货和分配。这一属性不仅揭示了城市发展的一种模式，而且揭示了一种社会政治制度。威尼斯的露营地自古以来就是半自治社区的社会核心，逐渐从多个相互关联的中心聚集一堂，形成威尼斯人公社。

　　街道空间与水巷空间共同构成了威尼斯城市空间的双层交通体系。威尼斯的街道空间与水巷空间有着相似的特征：狭窄而细长；拥有连续的围合界面；不同时期、不同风格的建筑共存。此外，威尼斯的街道虽蜿蜒曲折，但其走向都是将行人引向公共广场。相比于水巷两旁的建筑立面，街道两旁的建筑立面处理更为丰富，并通过特定的设计手法将不同时期、不同风格的历史建筑巧妙地融合在一起，创造了良好的街道氛围。在街道两旁建筑底层布置着大量商业设施，营造出街道空间中的市井气息和公共场所氛围。街道的铺地设置在不同的岛屿以及不同层级的街道上有着差异化体现，铺地、街道尺度、桥梁起伏、建筑风格、广场大小以及水巷宽窄繁静的变化，组合在一起，共同构成了平等、舒缓而又丰富多变的威尼斯城市空间节奏。

　　桥是威尼斯城市空间中非常独特的一种空间类型。桥在威尼斯不仅是岛与岛的连接空间，而且也是人们日常交流、观景、休憩的小品空间，甚至是人声鼎沸、热闹非凡的商业空间。桥也可看作是一种空间的过渡，街道在此汇集、河流在此穿过，相比于广场这里是适当封闭的交流地，相比于街道这里是适当开敞的聚集地。

锡耶纳

锡耶纳是意大利中部的南托斯卡纳州城市。

锡耶纳位于意大利中部，隶属南托斯卡纳州，始建于公元前29年，是典型的中世纪城市。几个世纪以来，城市一直保持着12～15世纪形成的哥特式外观，整个锡耶纳城的设计与周边地形结合紧密。

托斯卡纳的城市布局多呈弯曲状，其地形走向决定了其山城特征。从城市形态看，锡耶纳城沿山脊发展。城市主要由分布在3个丘陵构成的区域之上，道路基本上依山而建，3条脊状的道路将城市分成3个区域：原属主教驻地的"城市区"，东部的"圣马丁区"，北部的"卡莫利亚区"。呈倒Y形的3条道路向外分别通往3个城门，并相交在坎波广场，使这里成为城市的天然中心。7千米长的城墙围绕着1.7平方千米的土地，城墙环绕着西面的圣芭芭拉堡垒，是美第奇家族在1560年重建而成。城墙内，塔楼、宫殿、教堂和其他宗教建筑幸存下来。

锡耶纳独特的哥特式风格体现在典型的锡耶纳拱门上，是由十字军东征期间从东部引入。拱门的引入主导了后来整座城市的建筑风格，即使在17～19世纪建筑经历了重大的翻修，哥特式元素也一直备受青睐。

锡耶纳在很大程度上保留了自己的特色和品质，建筑融入城市，城市与周围环境又融为一体。在中世纪，无论是在意大利还是在欧洲其他地方，这座城市对当时的艺术、建筑和城市规划都产生了重大影响。

坎波广场

坎波广场位于意大利托斯卡纳市锡耶纳，是中世纪时市民集会、休闲娱乐和进行政治活动的场所，后来成为具有举办大型活动和承载日常生活功能属性的城市公共空间。

坎波广场被认为是欧洲最伟大的中世纪广场之一，其独特的空间组织模式也是锡耶纳城获得联合国教科文组织认可的"中世纪城市理想化身"称号的原因之一。

坎波广场位于锡耶纳的地势最低点，是城市的中心，城中共有 11 条道路交汇于坎波广场，并与呈倒 Y 形的三条主要道路共同构成了"Y"字形的城市布局。广场周长为 333 米，地面铺有鱼尾设计的红砖，并被 10 行白色石灰化石砌成贝壳一样的外观。从高处俯瞰，广场呈巨大的扇形，由 9 个部分组成，每个部分都代表着意大利政府的 9 位执政官之一，直接指向市政总部帕布里克宫。

坎波广场的设计初衷是能让所有人在此进行集会、休闲娱乐和政治活动。虽然无文件记载所有道路最终都要通向坎波广场，但当人游走其中，能在不同视角感受到设计中的对景关系。市民经过窄小的街道进入开阔的广场，空间尺度的对比让广场更具吸引力和美学效果。周边建筑物的细部处理均考虑从广场内不同位置观赏时的视觉效果。此外，建筑群及檐高、层数、窗子的比例也是精心设计的。

坎波广场兼具举办大型活动和承载日常生活的功能属性，每年的二月是狂欢节，傍晚可以看到市民集中在此参与各种户外派对，白天广场成为城市会客厅。

拜占廷

拜占廷最初指公元前 7 世纪建立的拜占廷古城（今土耳其伊斯坦布尔），后代指东罗马帝国。

"拜占廷"最初所指的拜占廷古城位于博斯普鲁斯海峡的欧洲一侧，由古希腊人在公元前 7 世纪时建立。公元 4 世纪，古罗马君士坦丁大帝在古城旧址上扩建罗马帝国的东都，称之"新罗马"或君士坦丁堡，后成为东罗马帝国首都。后代学者借用"拜占廷"代指东罗马帝国，以区别西罗马帝国。

拜占廷建筑融合了希腊化艺术、罗马艺术、小亚细亚和埃及等东方艺术传统，并在公元 6 世纪之后，开始有了相对拉丁西方建筑而言较为明显的特点。具体体现在以下三点：①集中式的建筑布局。在探索过程中，拜占廷建筑从巴西利卡式平面演化出结合穹顶的穹顶巴西利卡式平面，最终又转向嵌合希腊十字的正方形。这种平面上圆顶处于十字相交的空间之上，统帅四壁的小穹顶。②砖砌或砖石混砌的建筑结构。由于当地缺乏森林资源，拜占廷人自古以泥砖为建筑材料，并发展出高超的砖砌技术。③大理石与马赛克贴面装饰精美的柱头雕刻。受砖砌或砖石混砌的建造方法影响，拜占廷建筑表面较为粗糙，教堂及宫殿需要大量贴面装饰。而柱头装饰方面，拜占廷超越了古典柱式的约束，在斗形的柱头上雕饰平面化的植物纹样。

圣索菲亚教堂是拜占廷建筑风格的代表。教堂修建于公元 532 年，位于伊斯坦布尔，是罗马皇帝查士丁尼时代最重要的建筑，受拜占廷帝国和奥斯曼帝国历代皇帝细心呵护，保存完好。查士丁尼花费大量金钱建造此教堂，意图彰示伊斯坦布尔的辉煌。圣索菲亚教堂的建设工程被交与了两位小亚细亚数学家，因而独立于罗马建筑传统，体现了东部地区的美学理想。教堂采用了穹顶巴西利卡式的长方形平面，包含一个巨大的正方形空间。正方形的四角各有一个巨型墩柱，四面帆拱坐落其上。由于工匠们找到了一种方圆衔接的理想方法，因此帆拱的成功运用有着重要的意义。此前的衔接或是破坏空间形象，或是烦冗复杂。在帆拱上又坐着教堂标志性的大圆顶。圆顶的直径超过 30 米，是工程技术上的卓越成就。圆顶基部由 40 个窗户环绕，增加了教堂内部的采光，也减轻了穹顶带来的视觉沉重感。圣索菲亚教堂中庭墙壁上装饰着彩色大理石，使其显得格外豪华。立柱由昂贵石材制成，并配以雕刻精美的拜占廷式柱头。1453 年，奥斯曼帝国击败了拜占廷帝国，土耳其人占领了君士坦丁堡，圣索菲亚教堂被改为清真寺，后来成为展示建筑艺术的博物馆。

拜占廷建筑向西启发了加洛林建筑和哥特建筑等，向东影响了伊斯兰建筑；而在东正教国家，拜占廷建筑则发展了当地的建筑风格。

君士坦丁堡古城

君士坦丁堡古城是位于土耳其最大城市伊斯坦布尔的古城。

东罗马帝国（330～1204，1261～1453）与拉丁帝国（1204～1261）

的都城，位于今土耳其共和国的伊斯坦布尔。君士坦丁堡所在的博斯普鲁斯半岛地处巴尔干半岛和安纳托利亚之间，居高俯瞰黑海和地中海，北有天然港口金角湾，东有博斯普鲁斯海峡，南临马尔马拉海。

君士坦丁堡前身为古希腊商业殖民城市拜占廷。324 年，君士坦丁一世选择拜占廷城为新都城址，开展建设，并于 330 年 5 月 11 日启用新都。为颂扬其成就，新都以"君士坦丁堡"为名。君士坦丁堡规模和面积远超故都罗马，城中有城墙、城门、宫殿、广场、输水管与蓄水池等，是中世纪西方世界第一大城。城西君士坦丁城墙与沿黄金角海湾和马尔马拉海岸向西延伸的城墙相接，是君士坦丁堡古城的第一道城防；5 世纪初加建的狄奥多西城墙是第二道城防，此后一直为城界。坚固的城墙与其优越的地理位置使城市易守难攻。大皇宫是君士坦丁堡最豪华的建筑群，位于全城制高点。532 年，城市中心区因尼卡暴动被焚毁后，查士丁尼一世主持城市的重建，并修建了圣索菲亚大教堂。圣索菲亚大教堂为以穹顶覆盖的巴西利卡式建筑，是典型的拜占廷建筑，反映了 6 世纪的建筑艺术成就，标志拜占廷、阿拉伯及波斯建筑新阶段的开始，对当时和后来的建筑影响很大。1204 年，君士坦丁堡被十字军攻陷，洗劫一空。在随后的半个世纪，拉丁帝国统治了君士坦丁堡。1261 年，米哈伊尔八世重新入主君士坦丁堡。1453 年，土耳其人占领君士坦丁堡，并将其作为帝国首都，改名伊斯坦布尔。君士坦丁堡古城留存下来的古城墙、圣索菲亚大教堂、圣艾琳教堂、小阿亚索菲亚清真寺等颇具建筑艺术价值。1985 年，伊斯坦布尔历史区被联合国教科文组织列入世界文化遗产名录。

伯尔尼古城

伯尔尼古城是瑞士首都伯尔尼的旧城区。

伯尔尼古城位于瑞士阿勒河畔，最早由采林根公爵贝特霍尔德五世于 1191 年修建，后经历过多次扩建。城市最大的特色在于三面环水，并且街道中有许多形态各异、颇有典故的街心彩柱喷泉，如风笛手泉、节饮女神泉、扎灵根泉等，故伯尔尼也有"泉城"之称。古城建筑原多为木质结构，后在 1405 年的大火中毁于一旦。18 世纪重建时，仍保留中世纪紧凑有序的布局，只是在建材上改用石头。城内有众多历史悠久的建筑物，如伯尔尼大教堂、伯尔尼历史博物馆、伯尔尼市政厅、克拉姆街钟塔等。其中，伯尔尼大教堂为典型的哥特式建筑，始建于 1421 年，16 世纪中叶完成主体建筑部分，后来经过持续的整修，19 世纪末完成了尖塔部分。自此，伯尔尼大教堂总高度达到 100 米，成为瑞士最高的教堂。克拉姆街钟塔是城内的另一特色建筑，每当整点时分，钟上金鸡引颈长鸣，一群小人应声而出，最上面的小人用锤子敲打铜铃，极具特色。除特色喷泉和建筑外，城市沿街建筑底层有互相连接的走廊，走廊由拱柱支撑，两柱之间形成拱门，而绵延相接的走廊和拱门形成了极具规模且壮观的拱廊风景。拱廊内现多为大型购物商场、钟表店、珠宝店等。伯尔尼古城于 1983 年被列入世界文化遗产名录。

德里古城

德里古城是印度首都旧德里北部的核心区域的古城。

印度首都德里分为旧德里和新德里两个部分，而德里古城则是旧德里北部的核心区域。德里古城的历史最早可以追溯到 1206 年，是当时突厥人苏丹德里新王朝的都城所在地。在苏丹统治下，经历了马穆鲁克（1206～1290）、哈尔吉（1290～1320）、图格拉克（1320～1414）、赛义德（1414～1451）、洛迪（1451～1526）和苏里（1540～1556）五个王朝，后被莫卧儿王朝所取代。1639 年，莫卧儿王朝第五代帝王沙贾汉下令迁都德里，开始了系统性的城市建设工作，包括红堡、麦斯杰德清真寺和城墙部分。1648 年，城市建设完成，改名沙贾汉纳巴德，并在随后的 200 年间里，一直作为莫卧儿王朝的首都。1857 年，莫卧儿王朝被英国控制，城市部分区域在印英交战时被摧毁，包括大部分城墙，红堡中的大理石结构也被英国人拆除。

德里古城总占地面积约 6.1 平方千米，形态近似于一个 1/4 的圆，以红堡为焦点。城墙高约 7.9 米、宽约 3.7 米，最初为泥砌，1657 年改为红色砂岩。城墙共开有 14 个大门。城市内部有一条横贯东西的大街，东西大街宽约 36 米、长约 1340 米，连接红堡和麦斯杰德清真寺。东西大街北面为 B. 萨姆鲁的宅邸，后来被称为巴吉拉特宫；东西大街南面为密集的居民区。居民区中心有一座 1656 年修建的贾马清真寺。从东西大街道分出许多弯曲的街巷，连接城市其他区域。大街两侧还分布有大量的商店和市场。

纽伦堡古城

纽伦堡古城是位于德国南部的古城。

位于德国南部慕尼黑以北约 200 千米，坐落在树木茂密的盆地平川上，地跨佩格尼兹河两岸。最早的古城堡区位于纽伦堡城北部的小山丘上，由皇帝亨利三世于 1040 年下令修建，长约 200 米，宽约 50 米。山丘下为城市居民区，并有教堂和市场。后因居民人数增加，城区范围及城墙边界不断往河对岸发展，至 16 世纪逐步扩大规模。1356 年查理四世在纽伦堡颁布一项帝国立法，史称"金玺诏书"，确立由 7 位选帝候选举皇帝的制度，并规定每个皇帝加冕后的首届帝国议会必须在纽伦堡举行。1050 ～ 1571 年，所有的德意志皇帝都在纽伦堡城堡居住过，故纽伦堡城堡也有"皇帝堡"之称。由于城堡所在区域地势西高东低，只能从东面缓坡进入。为保护皇帝，在东面的缓坡上修筑了护卫型堡垒，相当于宫廷近卫军城堡，其首领受封为"城堡伯爵"，故护卫堡垒也有"伯爵堡"之称。1219 年纽伦堡被升级为帝国自由市之后，伯爵与纽伦堡市之间的冲突不断加剧，最后演变为武装冲突。伯爵堡东侧为后来修建的皇家马厩，后为青年旅馆。青年旅馆两侧各有一座高塔，历史上分属于城堡伯爵和纽伦堡市。城市南北分别有圣劳伦斯和圣塞巴德两座壮观的大教堂，城市中心为市集广场和圣母教堂。广场中央有一座 19 米高的哥特式镂空喷泉，修建于 14 世纪。纽伦堡古城大部分在第二次世界大战时被摧毁，后经重建，仍较好保留了中世纪城市的景观风貌。

东亚、中亚古城

巴库古城

巴库古城是位于阿塞拜疆首都巴库的古城。

巴库是外高加索地区最大的城市，位于突入里海的阿布歇隆半岛南岸。既是里海西岸最大的港口，也是从俄罗斯、乌兹别克斯坦以及部分亚洲国家到达欧洲的海上通道的重要站点，地理位置优越，曾是波斯、蒙古、俄罗斯多个国家争夺的焦点。

巴库古城坐落于市区内一高地上，其历史可追溯到 8 世纪。12 世纪时，希尔万尼马努契夫三世下令修建，古城城墙在沙俄征服后得以加固。因此，巴库古城集中了各个民族的文化遗留，城内各个时期的众多名胜古迹保存完好。2000 年，巴库古城以"城墙围绕的巴库城及其希尔凡王宫和少女塔"的名称，被收录进了世界文化遗产名录。

巴库古城建立的基础是里海边上的一座山，古城的边界以 12 世纪建造的城墙为界，面积约为 22 公顷。古城位于现代巴库城的中心位置，保留了拜火教时期、穆斯林时期、资本主义时期等各个阶段的历史建筑，如清真寺、民居及供往来商人居住的客栈、澡堂等。而其中最为著名的就是少女塔（又称处女塔）和希尔凡王宫，这两者与巴库古城城市格局的形成有密切的关系。

少女塔是巴库最为神秘和庄严的历史建筑。12 世纪建成的少女塔其前身历史久远，可以回溯到公元前 7 世纪到公元前 6 世纪，保存下来的少女塔是在早期建筑的基础上构筑的。

少女塔是 12 世纪所建的汗王宫殿建筑群的一部分。1304 年巴库发生特大地震，许多民居被夷为平地，而此塔却安然无恙。塔外形为圆柱状，东部突出。全塔高 27 米，共 8 层，每层可容纳 50 余人。塔内有一口水井，井水四季清凉甘美。塔基墙厚 25 米，顶部厚 4 米，全由石灰石砌成。

砌墙的石头一圈外凸一圈内凹，在墙体上构成层次分明的横向线条。塔上每层窗口都有防御设施，可倾泻滚烫的熔铅或投下燃烧的石油火把，以抵抗外敌的进攻。

少女塔的建筑设计十分巧妙，圆形部分朝北，寒冬的北风绕塔而去。塔的突出翼则朝南，每到夏季，将凉爽的南风导向城内，因而塔后的巴库古城始终冬暖夏凉。关于少女塔的名称来历众说纷纭。一是说从前有一对恋人，女富男贫，姑娘的父亲不同意这桩婚事，把姑娘关进塔里。姑娘为了表示对爱情忠贞不渝，含恨跳入塔下波涛汹涌的里海，小伙子也以身殉情。另一说法是，在战争中此塔保护了无数少女，使她们免遭外敌蹂躏。

除了少女塔本身的奇特之外，少女塔周边地区则是整个巴库古城的发源地。这一地区原有拜火教的神庙，聚集在神庙周围的居住区逐渐形成了古城中的第一个街区，为以后古城的发展打下了基础。而后来少女塔的建成，更成为古城发展过程最为积极的因素之一。

希尔凡王宫是巴库古城的制高点，也是中世纪阿塞拜疆建筑杰出典范之一。宫殿建筑群各部分并不是同时建成的，对于整个建筑群而言，并没有整体计划，相反，各个建筑物实际上是根据当时需要逐个修建的。宫殿的主要部分完成于15世纪——哈利卢拉一世和他的儿子统治时期。这一时期建成的建筑包括住宅、一所穆斯林寺院（1441）、矩形皇宫（1420）、皇室成员的寝陵（1435）、星相家 S.Y. 巴库维的坟墓（1450）和一组浴室。所有的建筑中，除住宅和浴室外，其余都保护完好。希尔凡王宫的建设对于巴库古城来说，无疑是确定了发展的核心，从此围绕着王宫就渐渐形成了经济贸易的中心。

在巴库城市结构的形成过程中，除了上述两者外，宗教建筑也起了重要的作用。1079 年之后，伊斯兰寺庙开始分布在整个古城内部。宗教建筑融合于周围的民居之中，形成了"玛哈拉"的居住形式。这些清真寺不仅作为宗教用途，还用于平日的集会。

18 世纪中期，里海沿岸的城市重要性逐渐显露出来，而此时波斯国内大乱，对阿塞拜疆的控制减弱，为巴库的发展赢得了自由成长的时机。原先的城市中心在居住和商业上的中心地位逐渐消退。巴库古城的商业中心逐渐从沙马赫门向沿海部分发展，在少女塔处改变方向，转向了萨利安门。这条商业街在朝向、尺度上都和中世纪建造的狭窄曲折的街道不同，比较宽阔，它连接了贩卖珠宝和大商人交易的尤哈里市场，以及贩卖杂货和手工艺人作坊的市场。沿着商业街分布着大大小小的商队旅馆、澡堂、清真寺，以便满足来往客人的需要。这条商业街成为这个古城的主旋律。

布哈拉古城

布哈拉古城是乌兹别克斯坦的历史文化名城。

布哈拉位于乌兹别克斯坦首都塔什干西南约 450 千米，是布哈拉州首府。1993 年联合国教科文组织将布哈拉旧城中心作为文化遗产列入世界遗产名录。

在中国古代史书中，布哈拉被记载为"不花剌"，丝绸之路的大部分路线都要通过布哈拉。在丝路贸易繁盛时代，它既是宗教和贸易中心，也是伊斯兰教学术重镇及文化宝藏，当地居民仍然称其为"布哈拉伊夏立夫"，意思是"高贵的布哈拉城"。

布哈拉古城始建于大约公元前 2000 年，公元 9 ～ 10 世纪时为萨曼王国的国都，被誉为"伊斯兰穹顶"，13 世纪被成吉思汗焚毁。1370 年布哈拉并入帖木儿王朝版图之后，帖木儿大帝将布哈拉设想为仅次于撒马尔罕的经济文化堡垒。18 世纪初开始衰落。

布哈拉的大型历史建筑不像同时期的撒马尔罕那样立面全贴马赛克，而是以黄砖本色为主，只在少数部位饰以马赛克。城市中只有最重要的公共建筑穹顶饰以蓝色马赛克。

布哈拉的城市规划和建筑设计对中亚许多城市的规划产生过广泛影响，是享有"博物馆城"美名的历史文化名城。保存有 140 多处古建筑物，涵盖居住建筑、宫殿、清真寺、神学院、浴室、集市等多种类型，大型文化综合体及其周边地带，由若干个清真寺、经学院和市场、服务设施等组成，面积约 6 万平方米。

撒马尔罕古城

撒马尔罕古城是乌兹别克斯坦古城。

撒马尔罕位于距离卡拉库姆沙漠不远的泽拉夫尚河谷绿洲上，最早的定居人类的活动可以追溯到公元前 1500 年。阿夫拉西阿卜古城（位于今撒马尔罕市东北角）是撒马尔罕城的前身，始建于公元前 7 世纪左右。作为连通各大早期文明的重要驿站，阿夫拉西阿卜先后成为索格底安那王国的首都，以及波斯阿契美尼德王国（公元前 6 ～前 4 世纪）和马其顿亚历山大统治时期（公元前 4 世纪）的重要城市，并因为频繁的贸易交往而得以极快地发展。

公元 6 世纪以后，突厥人在这里建立了政权。公元 712 年后，这里成为阿拉伯帝国的统治地区，伊斯兰教从此成为这一地区最重要的宗教。

在短暂成为花剌子模王国首都后，成吉思汗率军于 1220 年攻陷并焚毁了阿夫拉西阿卜古城。100 多年后，中亚历史上的征服者帖木儿（1369 ～ 1404 年在位）再次建立了庞大帝国，并以撒马尔罕为首都，重新建设了宏伟壮丽的城市，其中又以其孙子兀鲁伯（1409 ～ 1449 在位）统治期间更为辉煌，撒马尔罕留存下来的最重要的古建筑群都建造于这一时期。尽管自此以后，由于中亚地区政权反复更迭和连接欧亚的海上航路的开辟，撒马尔罕渐渐失去了在世界文明交往中的重要地位，城市经济大幅衰退，但帖木儿时期留下了宏伟建筑群和整体城市建成区，其原始风貌和形态却都得以较好地保存下来。其中，重要的遗迹包括比比 - 哈内姆大清真寺、雷吉斯坦广场及周边建筑和帖木儿家族陵墓等。

1868 年起，俄国人开始统治撒马尔罕并促进了其近代化的发展，城市经济不仅得到复苏，而且铁路、学校、工厂、医院等基础设施的建设带动了整个城市的重新快速发展。新的城区建设在古城的西侧，以放射格网式的道路体系为骨架。同时，这一时期的建设也对撒马尔罕古城造成了部分破坏，如拆毁了帖木儿古城的城墙、城门及一些纪念碑等。从 20 世纪初开始，撒马尔罕城市便明确地分为 3 个形态完全不同的区域：已经成为废墟的阿夫拉西阿卜古城遗址、中世纪建设的帖木儿古城，以及 19 世纪 70 年代以后快速建设扩张的现代城区。

撒马尔罕几个不同历史时期的发展，从阿夫拉西阿卜到帖木儿的城市，再到 19 世纪和 20 世纪的城市发展，都是以新建的城市中心替代旧有的城市中心，而不是在前者的基础上改造和重建。因此，保留下来的几个历史城区中，各个时代的特征均十分明显，所保存的历史信息极为丰富。

在几千年的历史中，撒马尔罕一直是连接中国、欧洲、印度、伊朗和诸游牧民族等不同文化的重要驿站，也是早期佛教、伊斯兰教、拜火教、基督教等各大宗教相互交会的熔炉，故被称为"世界文明的十字路口"。2000 年，撒马尔罕古城整体被联合国教科文组织评定为世界文化遗产，评定意见书突出评价了撒马尔罕古城的三大价值：①撒马尔罕的建筑和城市风貌体现了伊斯兰文化的伟大创造力。②以比比－哈内姆大清真寺和雷吉斯坦广场为代表的建筑群显示了从地中海到印度次大陆整个区域内伊斯兰建筑的强大生命力。③古城撒马尔罕以它的文化、建筑和城市结构展示了从 13 世纪以来的中亚文化和政治历史最重要的阶段。

本书编著者名单

编著者 （按姓氏笔画排列）

于睿智　万　谦　王　骏　邓林娜

叶珩羽　田银生　朱向东　伍国正

刘　畅　刘　晖　刘思璐　刘翔宇

汤羽扬　运　迎　杜顺宝　李晓峰

杨　颐　杨新平　吴左宾　吴庆洲

吴运江　冷　红　汪永平　张　敏

张　涵　张　蓉　张春阳　陈　薇

陈同滨　陈志华　邵旭涛　林　哲

赵　炜　祝　贺　贺为才　袁守愚

殷小勇　唐　燕　黄　瓴　黄天其

程敬琪　傅　娟　傅朝卿　傅熹年

蔡　智